四川省科技计划项目基金资助项目（项目编号 2016ZR0226）
西华师范大学英才科研基金资助项目（项目编号 17YC305）

双创背景下科技投入对四川农业产业提升路径研究

—— 基于精准扶贫战略

Shuangchuang Beijingxia Keji Touru dui Sichuan Nongye Chanye Tisheng Lujing Yanjiu

—— Jiyu Jingzhun Fupin Zhanlüe

全力 著

西南财经大学出版社

中国·成都

图书在版编目(CIP)数据

双创背景下科技投入对四川农业产业提升路径研究——基于精准扶贫战略/全力著. —成都：西南财经大学出版社,2017.8
ISBN 978-7-5504-3152-2

Ⅰ.①双… Ⅱ.①全… Ⅲ.①地方农业经济—经济发展—研究—四川 Ⅳ.①F327.71

中国版本图书馆 CIP 数据核字(2017)第 191644 号

双创背景下科技投入对四川农业产业提升路径研究——基于精准扶贫战略

全力 著

责任编辑：李晓嵩
助理编辑：陈佩妮
封面设计：张姗姗
责任印制：封俊川

出版发行	西南财经大学出版社(四川省成都市光华村街55号)
网　　址	http://www.bookcj.com
电子邮件	bookcj@foxmail.com
邮政编码	610074
电　　话	028-87353785　87352368
照　　排	四川胜翔数码印务设计有限公司
印　　刷	四川五洲彩印有限责任公司
成品尺寸	148mm×210mm
印　　张	7.875
字　　数	195 千字
版　　次	2017 年 8 月第 1 版
印　　次	2017 年 8 月第 1 次印刷
书　　号	ISBN 978-7-5504-3152-2
定　　价	48.00 元

1. 版权所有，翻印必究。
2. 如有印刷、装订等差错，可向本社营销部调换。

前　言

　　精准扶贫，是指针对不同贫困区域环境、不同贫困农户状况，运用科学有效程序对扶贫对象实施精准识别、精准帮扶、精准管理的治贫方式。四川省脱贫攻坚进入全面攻坚阶段的关键时刻，需要按照精准扶贫的总体要求，以"十三五"规划为引领，以科技为支撑，以投入为保障，在四川省贫困地区形成布局合理、特色突出、安全高效的产业体系，抓好产业精准扶贫、农业产业扶贫，带领群众脱贫致富。本书主要从以下几个方面分析了四川省基于精准扶贫战略下的农业发展策略。

　　第一，精准扶贫是历史的必然选择。精准扶贫是新一代领导集体在深入调研、充分分析新时期中国农村贫困特征的基础上，提出的科学的扶贫开发理念，是指导下一阶段农村扶贫开发的工作方针。建立精准扶贫工作机制的根本目的是在准确、详实地掌握扶贫对象的基本信息的基础上，通过对扶贫资源的整合与精准化配置，实现对扶贫对象的动态化管理、精确化扶持、内源性脱贫。精准扶贫工作机制是扶贫开发从"漫灌"向"滴灌"转变的载体，是实现科学化扶贫和内源化扶贫的前提，是以"小而无内"的精准手段打赢扶贫攻坚战，全面建成"大而无外"的小康社会。

　　第二，四川省是全国脱贫攻坚任务最繁重的省份之一，贫困人口众多,且集中分布在生存条件恶劣、生态环境脆弱、基础设施薄弱、公共服务滞后的连片特困地区,扶贫开发任务非常艰巨。2015 年年末,四川省共有贫困村 11 501 个,贫困人口为 380.3 万人,依靠产业发展脱贫致富的人口达 173.73 万人。其中,四大片区贫困人口为 263.3 万人;贫困片外地区,还有"插花式"贫困人口 117 万人。2016 年年底,四川省把全会精神应用到四川省实践中,实现精准减贫 107.8 万人,完成率达102.7%,脱贫幅度为 28.4%,全部达到国家"两不愁、三保障"及四川省"1 超 6 有"的脱贫标准。实现精准退出贫困村 2 437 个、完成率 103.7%,全部达到国家及四川省"1 低 5 有"的退出标准。5 个贫困县贫困发生率均下降至 3% 以下,全部达到国家及四川省"1 低 3 有"的摘帽标准。2016 年脱贫攻坚在广度、深度和精度上都达到了新的水平。

第三,构建农业产业提升发展影响因素评价模型,并对四川省的情况进行分析。选取科学研究与实验发展(Research and Development, R&D)经费支出、科技从业人员、科技成果及应用水平(项)三个指标,利用灰色关联法计算四川省 2001—2015 年农业科技投入与农业经济增长的关联度。结果发现科技成果及其应用水平情况是四川省农业经济增长的重要推动力。科技从业人员数量和科学研究与实验发展经费支出与农业经济增长的相关性略低。在精准扶贫的背景下,需要以科技为支撑,努力提高四川省农业科技水平,在贫困地区形成布局合理、特色突出、安全高效的农业产业,提高科技和创新水平,带领群众脱贫致富。

第四,构建西南多省农业产业提升发展影响因素评价模型,进行横向比较。选择西南地区 5 省市 2004—2014 年农业经济增长及与其相关的科技要素投入方面的样本数据。被解释变量为农业经济增长，选择第一产业产值作为衡量指标，为了排除价格变动的影响，我们将各年按当年价格计算的第一产业产值平减为2004年价格的实际第一产业产值；解释变量为科技投入，选择科学研究与实验发展（R&D）内部经费支出和科学研究与实验发展（R&D）人员全时当量（单位：人年）作为衡量指标。R&D内部经费支出根据居民消费者价格指数（2004年为100）平减为以2004年当年价格为基期的实际R&D内部经费支出。科技活动人员用R&D人员全时当量来代替。样本数据均取自《中国统计年鉴》（2005—2015年）和《中国科技统计年鉴》（2005—2015年）。分析结果表明，在我国西南地区，以R&D内部经费支出和R&D人员全时当量为代表的科技要素投入与农业经济增长呈现出相同的变化趋势，科技要素投入增加，则第一产业生产产值增加；科技要素投入减少，则第一产业生产产值减少。科技投入对农业经济发展有积极的拉动作用。研究结果还表明，就目前西南地区各省市的科技投入现状而言，科技投入促进农业经济增长的潜力仍然很大；西南地区各省市之间的科技投入力度不同，因此科技对农业经济发展效果有很大差异。例如，四川R&D内部经费支出最大，表现出农业生产产值最大；西藏R&D人员储备不够，表现出R&D人员全时当量对农业经济的促进效果不显著。

第五，完善科技投入对农业产业发展理论体系。农业产业发展成效最终是体现到产业生产总值增长上，将影响农业产业生产总值增长的生产要素投入和科学技术进步这两个方面作为考察对象，通过算法测算1991—2015年四川省农业科技的进步率及其对农业产业经济发展的贡献率，实证分析农业科技进步对农村家庭农业纯收入水平的影响。产业扶贫是科学选择主导产业，围绕产业全链条发展科学精确施策，让建档立卡贫困户能长期稳定受益；以产业为主线，针对产业生产、加工、销售等环节，在资金、项目和服务上制定因村因人的个体化、精准化的帮扶政策。农、林、牧、渔业和农产品加工等作为贫困地区最基本的产业，是贫困人口脱贫的基本依托，因此推进农业产业现代化建设是产业扶贫工作的重点。结果表明，四川省近25年农业科技进步为98.87%，其对农业产业经济贡献率为48.47%，农业经济增长方式已实现由粗放型向半集约型转变；而与北京市、上海市、天津市等地区约60%的贡献率相比仍显落后，还需大力提升科学技术水平，推进贫困地区科研成果的使用，搞好科技服务体系和信息服务体系建设，强化产业扶贫的技术支撑；农业科技进步率每提高1%，农村家庭农业人均纯收入将增加0.33%。由于农业生产收入是农村家庭收入的主要来源之一，所以农业科技进步对农村家庭农业收入存在明显的促进作用。综合而言，农业科技进步不但能促进农业产业发展，实现农业产业科技化，提高农村家庭农业收入水平达到直接扶贫的目的，也使农村劳动力及资金分配结构发生改变，即农村家庭在农业生产中由于技术进步而闲置的劳动力向第二、第三产业转移，形成家庭收入来源多元化的格局，拓宽贫困户就业增收渠道，实现间接增收扶贫。因此推进农业产业科学技术进步、促进农业产业发展，对提高农民收入水平、实现产业扶贫行之有效。

第六，在加大科技投入对四川农业产业发展提升的同时，必须注重环境保护。农村能源建设是精准扶贫战略和环境保护的必然要求。一方面，农村能源建设推进了农业产业的结构调整，巩固了精准扶贫效果；另一方面，农村能源建设促进了农业产业的经济效益，从而使农民工的经济得到增收，同时还解决了农村用能短缺矛盾，在一定程度上减少农村环境污染，有利于保护环境。四川省沼气能源建设是一个包含多种影响因素的系统。本书利用四川省年总产气量衡量当年沼气能源建设的发展规模，经费投入量、沼气生产技术发展水平、各级政府支持力度以及村民们的参与积极性都对沼气能源建设有不同程度的影响。因此，在运用灰色系统理论对能源建设进行分析之前，需对众多的影响因素进行筛选和理论分析。结果表明管理推广机构作为政府在四川沼气能源建设中的参与者，对沼气能源的推广、使用和建设各环节都起到了至关重要的作用；沼气生产技术发展水平与年总产气量的关联度很高，技术是发展能源建设的根本；政府财政拨款和用户自筹资金与年总产气量的关联度在所选择的影响因素中关联度相对不强，说明沼气能源建设并不是一个资金密集型工程，沼气能源建设主要由生产技术推动。

第七，互联网带动了四川农业产业的提升，为农业双创提供了技术基础。双创是农业产业发展的推动力，而互联网是双创中不能缺少的动力源泉。本书从互联网技术、互联网平台、互联网思维和网络效应4个维度理论分析了互联网对农业全要素生产率的作用方式，采用2002—2014年中国省级面板数据进行实证分析，结果显示：互联网发展水平（ID）对我国农业全要素生产率有显著影响，互联网发展水平每增加1个单位，农业全要素生产率的增长率就增加0.351 7个单位；城市化（Urban）、国有企业改革（NER）和对外开放（DFI）对农业全要素生产率影响不显著。最后结合中国的实际情况给出了加快建设互联网基础工程，加快"互联网+"战略在农业产业中落地以及加强互联网时代产农业政策创新等建议。在分析了2002—2015年浙江省、江苏省、湖北省、湖南省、四川省和贵州省省级面板数据后，发现互联网对农业全要素生产率具有显著的促进作用。

第八，政策建议。从建设特色优势产业、农产品加工流通、加快休闲农业发展、完善农业经营体系、强化科技示范推广、创新科技扶贫体制、增加贫困人口收入的优化途径等方面提出农业发展政策建议。

第九，选取了四川省20个贫困县作为实例研究对象，对其农业产业进行分析，并提出政策建议。各地区应该因地制宜的制定农业产业发展规划，提高科技创新能力，加大科技投入，完成精准扶贫攻坚任务。

综上所述，本书构建了农业产业提升发展因素评价模型，分析了四川省科技投入对农业产业提升发展水平评价，完善了科技投入对农业产业提升发展理论体系，提出了基于"互联网+"的农业双创新模式，最后就四川省精准扶贫工作提出政策建议，并实证研究了四川省20个贫困县，因地制宜地提出精准扶贫建议。

全 力

2017年7月

目 录

1 绪论 / 1
    1.1 精准扶贫的历史意义 / 1
    1.2 研究意义 / 3
    1.3 国内外研究现状 / 4
    1.4 研究思路 / 11
    1.5 主要研究内容 / 11

2 时代背景 / 14
    2.1 精准扶贫思想哲学基础和渊源 / 14
    2.2 精准扶贫战略 / 30

3 四川省基本情况 / 40
    3.1 四川省农业科技相关状况 / 40
    3.2 四川省农业信息技术相关状况 / 44
    3.3 四川省精准扶贫现状 / 47
    3.4 四川省贫困特征 / 49
    3.5 四川省精准扶贫工作的机遇 / 53
    3.6 贫困地区产业布局现状 / 55
    3.7 四川省精准扶贫工作 / 57
    3.8 四川省农业产业扶贫阶段性成果 / 61

3.9 四川省精准扶贫工作中的问题 / 65

4 四川省农业科技投入与农业经济增长相关性研究 / 67
4.1 我国农业科技投入较低 / 67
4.2 四川省科技投入情况数据分析与结果 / 68
4.3 灰色关联分析 / 71
4.4 对策与建议 / 77
4.5 小结 / 78

5 西南地区科技投入对农业经济增长的影响 / 79
5.1 西南地区5省市基本情况 / 80
5.2 科技投入对农业发展的贡献数据分析 / 83
5.3 结论与建议 / 86
5.4 小结 / 88

6 四川省科学技术进步对农业收入影响的分析 / 89
6.1 四川省农业科技进步率及其贡献率测算 / 90
6.2 农业科技进步对农村农业人均纯收入的影响分析 / 94
6.3 结论 / 98
6.4 小结 / 99

7 精准扶贫背景下四川省农村能源建设影响因素分析 / 100
7.1 四川省沼气建设基本情况 / 100
7.2 四川省农村沼气新能源建设的意义 / 103
7.3 四川省沼气能源建设影响因素的分析 / 104
7.4 灰色关联度分析方法 / 105
7.5 影响因素的实证分析 / 106
7.6 四川省沼气能源建设影响因素的灰色预测 / 110

7.7 建议 / 113

7.8 小结 / 114

8 互联网对四川省农业产业的促进作用 / 115

8.1 引言 / 115

8.2 文献回顾 / 117

8.3 分析与推论 / 122

8.4 变量定义与数据说明 / 130

8.5 实证分析 / 134

8.6 政策建议 / 136

8.7 小结 / 138

9 结论与建议 / 139

9.1 结论 / 139

9.2 建设特色优势产业 / 144

9.3 农产品加工流通 / 145

9.4 加快休闲农业发展 / 146

9.5 完善农业经营体系 / 147

9.6 强化科技示范推广 / 149

9.7 创新科技扶贫体制 / 151

9.8 增加贫困人口收入的优化途径 / 151

10 农业产业实例研究 / 156

10.1 苍溪红心猕猴桃：一颗闪亮全球水果市场的致富"金元宝" / 156

10.2 蓬安县现代农业产业园脱贫致富的奔康路 / 161

10.3 遂宁市船山区牵住产业"牛鼻子"，打好增收"四张牌" / 165

10.4 宣汉县做大做强牛产业，唱响增收主旋律 / 168

10.5 射洪县农事服务超市：川中丘区贫困户脱贫致富的"助推器" / 171

10.6 古蔺县甜橙：赤水河沿岸一颗脱贫致富闪亮的"明珠" / 174

10.7 美姑县一个小土豆，撬动一个大产业 / 176

10.8 沐川县以"百企帮百村"为载体，新型经营主体成为产业扶贫新动力 / 179

10.9 南部县培育新型经营主体，引领产业精准扶贫 / 183

10.10 平昌县小茶叶：撑起山区农民脱贫致富"大脊梁" / 188

10.11 兴文县栽桑养蚕：乌蒙山石漠化地区脱贫奔康走出的"新路子" / 191

10.12 梓潼县发展"1+5"，让生态循环产业成为农民增收的"金饭碗" / 195

10.13 理塘县"高原之舟"承载藏家儿女小康梦 / 199

10.14 广安市前锋区专家服务团：撑起产业发展一边天 / 202

10.15 平武县"平武中蜂+"：托起山区贫困县的中国梦 / 206

10.16 石棉县百里金果长廊：筑起大渡河边的致富路 / 210

10.17 松潘县道地中药材：农民脱贫致富"新引擎" / 213

10.18 旺苍县三园联动全域覆盖，产业扶贫精准到户 / 216

10.19 罗江县脱贫攻坚产业园，搭起精准扶贫大舞台 / 221

10.20 南江县"五大利益联结模式"助推产业扶贫 / 225

参考文献 / 228

后记 / 240

1 绪论

1.1 精准扶贫的历史意义

精准扶贫,是指针对不同贫困区域环境、不同贫困农户状况,运用科学有效程序对扶贫对象实施精准识别、精准帮扶、精准管理的治贫方式。

精准扶贫的重要思想最早是在 2013 年 11 月提出,习近平总书记到湖南湘西考察时首次做出了"实事求是、因地制宜、分类指导、精准扶贫"的重要指示。2014 年 1 月,详细规制了精准扶贫工作模式的顶层设计,推动了精准扶贫思想落地。2014 年 3 月,习近平参加两会代表团审议时强调,要实施精准扶贫,瞄准扶贫对象,进行重点施策,进一步阐释了精准扶贫理念。2015 年 1 月,习近平总书记新年首个调研地点选择了云南,总书记强调坚决打好扶贫开发攻坚战,加快民族地区经济社会发展;5 个月后,总书记来到与云南毗邻的贵州省,强调要科学谋划好"十三五"时期扶贫开发工作,确保贫困人口到 2020 年如期脱贫,并提出扶贫开发"贵在精准,重在精准,成败之举在于精准"。

2015 年 10 月 16 日,习近平在减贫与发展高层论坛上强调,中国扶贫攻坚工作实施精准扶贫方略,增加扶贫投入,出台优惠政策措施,坚持中国制度优势,注重六个精准,坚持分类施策,因人因地施策,因贫困原因施策,因贫困类型施策,通过扶持生产和就业发展一批,通过易地搬迁安置一批,通过生态保护脱贫一批,通过教育扶贫脱贫一批,通过低保政策兜底一批,广泛动员全社会力量参与扶贫。

农业产业是贫困人口脱贫的基本依托。党中央、国务院把农业产业脱贫作为实施精准扶贫、精准脱贫的一项重要任务,通过产业扶贫工程实现3 000万贫困人口脱贫。2016年5月31日,农业部专题部署农业产业扶贫规划编制工作,传达学习汪洋在全国产业扶贫工作电视电话会议上的讲话精神和韩长赋在农业部党组会议上对产业精准扶贫脱贫工作的有关要求,研究部署省、县两级产业扶贫规划编制工作。由此可见,科技发展不光是创新性社会的要求,也是精准扶贫的基石。

科技投入,顾名思义就是指为促进科技发展而进行的投入,也是为了促进生产而进行的投入。根据联合国教科文组织的定义,科技投入的内容应该包括研究与发展活动投入、科技成果的转化和应用活动、科技服务活动三部分。科技投入与经济增长、产业提升之间的关系早已被国内外学界所关注和研究。Robert E. Evenson（1997）对农业科研投入回报率进行了国际比较分析,通过对全球375项农业科研投入回报率的研究结果考察,得出了全世界农业科研投入回报率高达49%的结论。显而易见,科技投入对农业产业提升具有显著贡献,在此基础上强调加大农业科技投入的重要意义。

四川省是农业大省,也是扶贫重点省。精准扶贫工作对象为20个市（州）、160个县（市、区）,重点是秦巴山区、乌蒙山区、大小凉山彝区、高原藏区（以下简称"四大片区"）88个贫困县,建档立卡的有168.48万贫困户、497.65万贫困人口。四川省分别制定了《四川省农业产业扶贫 2016 年工作计划》和《农业产业扶贫工作 2016 年工作计划实施方案》，以保障产业精准扶贫工作的顺利实施。目标是到 2020 年，初步形成"跨乡联县"特色支柱产业体系，产业现代化水平进一步提高，贫困地区产业助农增收人均增幅明显高于四川省平均水平，实现贫困县农民人均纯收入比 2010 年翻一番以上，11 501 个贫困村和 88 个贫困县全部"摘帽"。为了实现这个目标，在大众创新、万众创新的大背景下，需要大力推动科技创新和使用技术的应用来实现农业产业提升发展。

1.2 研究意义

在四川省脱贫攻坚进入全面攻坚阶段的关键时刻，需要按照精准扶贫的总体要求，以"十三五"规划为引领，以科技为支撑，以投入为保障，在四川省贫困地区形成布局合理、特色突出、安全高效的产业体系，抓好产业精准扶贫，带领群众脱贫致富。

本书具有重要的现实意义和学术价值，主要表现在：

第一，有助于丰富和发展科技投入与产业发展的管理理论，构建科技投入与产业发展的理论框架体系。

第二，在精准扶贫政策背景下，围绕贫困地区特色农业产业发展，强化产业扶贫的技术支撑，推进贫困地区科研成果的使用，搞好科技服务体系和信息服务体系建设，推进农业产业现代化建设，拓宽精准扶贫渠道，引领精准扶贫新途径，让特色产业成为增收的致富引擎，巩固扶贫成果。

1.3 国内外研究现状

精准扶贫已经上升到国家战略的高度,地方政府也将其作为工作重点。为了实现精准扶贫的目标,需要农业产业提升发展,这离不开科技投入,现将对已有文献具体研究情况进行总结。

1.3.1 农业增长因素研究

对全国的农业经济增长的全要素分析,主要有两大类:一是对狭义农业经济增长的全要素分析,二是对广义农业经济增长的全要素分析。对狭义农业经济增长的全要素分析主要有:彭亮[1]首先分析了经济增长与农业经济增长的理论发展过程,然后利用1978—1999年的时间序列数据,建立生产函数回归模型,并对回归结果进行了解释,又对1999年的31个省市截面数据进行了回归分析,最后提出了加快农业经济增长的政策建议。张浩和陈昭[2]基于分省的非稳定面板数据,分析了1949—2005年我国的农业增长,以农业产值为因变量,以土地、劳动力、制度、化肥和农机动力为自变量,构建柯布-道格拉斯生产函数模型。由分析结果可知:农业政策对我国农业发展和农业生产力的影响显著,在农业生产的要素投入因素中化肥和农机的使用对产值的贡献度最大。对广义农业经济增长的全要素分析主

---

[1] 彭亮. 我国农业经济增长因素分析[D]. 成都:四川大学,2003.
[2] 张浩,陈昭. 中国农业经济增长的要素贡献度研究——基于分省非稳定面板的实证分析[J]. 南方经济,2008(1):61-75.

要有：闫俊强、李大胜①选取农林牧渔业资本投入、劳动力投入和农业用地投入等各种要素，运用2000—2005年30个省份的面板数据，分析了我国广义的农业经济增长。研究显示，广义技术进步是农业经济增长的主要影响因素，在农业经济增长过程中存在着规模报酬递减的现象，加强农业科研的投入和农业产业结果的调整才能实现农业经济的可持续发展。

对具体省份的农业经济增长因素分析主要有：陈莉、张士云②考虑制度因素，分阶段建立计量经济模型，分析了农业经济增长的影响因素，主要考虑的影响因素有农林牧渔业基本建设投资、年末实有耕地面积、农用化肥使用量、农林牧渔业劳动力数量，得出的结论是农业经济增长在不同的阶段有着不同的影响因素。陈莉、刘光辉③以农林牧渔业总产值为因变量，以农林牧渔业基本建设投资、农用化肥使用量、农林牧渔业劳动力数量和农业机械总动力为自变量，运用安徽省的横截面数据，采用灰色关联分析方法对安徽省农业经济增长进行了实证研究，得到的结果为各个因素与农林牧渔业总产值的灰色关联度，分别为0.997 7、0.996 7、0.719 9和0.695 7。宋蕾、郭俊华④从经济增长理论和农业经济增长的特点出发，以1990—2004年陕西农业统计资料为样本，选取陕西农业总产值作为因变量，固定资产存量、农业劳动力、耕地面积、化肥使用量为自变量，建立柯布-道格拉斯生产函数模型。最后得出的结论是，陕西农

---

① 闫俊强，李大胜. 我国广义农业经济增长的要素贡献研究——基于面板数据模型的实证分析 [J]. 经济问题，2009 (3)：60-62，71.

② 陈莉，张士云. 安徽农业经济增长的影响因素分析 [J]. 中国农学通报，2004，20 (2)：222-225.

③ 陈莉，刘光辉. 安徽省农业经济增长的灰色关联解析 [J]. 中国农学通报，2004，20 (2)：229-231.

④ 宋蕾，郭俊华. 1990—2004：陕西农业经济增长因素分析 [J]. 西安邮电学院学报，2006，11 (4)：39-42.

业投入总规模报酬递减，除农业劳动力以外，其他各因素对农业总产值的影响都很显著。薛文珑、傅国华[①]以农林牧渔总产值为因变量，以农业中间消耗、第一产业从业人员以及耕地和养殖面积为自变量，对海南省1990—2004年的农业经济增长进行了实证分析，文中采用了多元统计中岭回归方法。实证结果表明，农业中间消耗与农林牧渔业总产值呈正相关，第一产业从业人员与农林牧渔总产值呈负相关，而耕地和养殖面积与农林牧渔总产值呈微弱的正相关。林少伟等[②]分析了福建省农业经济发展的特征并构建计量模型，分析了福建农业经济增长的影响因素。实证结果表明耕地面积的影响不显著，农业从业人数的影响是负向的且不显著，而只有农业中间消耗对农业总产值的影响显著。杨明洪、沈颖[③]对西藏农业经济增长进行实证分析时把物质资本、劳动力、人力资本、中央政策、社会稳定等因素纳入计量分析模型，这也是基于西藏的实际情况。龙江等[④]采用广义的柯布-道格拉斯生产函数分析贵州农业经济增长的因素贡献，得出的结论是，资本投入是贵州农业经济增长主要来源，占57.7%；其次是技术进步，占36.3%；自然灾害有显著影响；土地投入对农业经济增长的贡献很小；劳动力数量投入的影响不显著。郑晶等[⑤]运用广东省21市1992—2004年的面板数据，

[①] 薛文珑，傅国华.海南省农业经济增长因素的定量分析[J].贵州农业科学，2006，34（S1）：62-64.

[②] 林少伟，刘琴，宋建晓.福建农业经济增长影响因素分析及对策[J].中共福建省委党校学报，2006（9）：86-88.

[③] 杨明洪，沈颖.西藏农业经济增长的实证分析：1980—2003年[J].四川大学学报（哲学社会科学版），2006（2）：11-17，77.

[④] 龙江，洪明勇，杨启林，等.贵州农业经济增长的因素分析[J].贵州农业科学，2007，35（3）：88-90.

[⑤] 郑晶，温思美，孙良媛.广东农业经济增长效率分析：1993—2004年[J].农业技术经济，2008（3）：17-24.

利用改进的农业经济增长 DEA 分解核算框架,测算了广东省农业经济增长的效率。结果表明,要素投入的产出效应是广东省 1993—2004 年农业经济增长的主要原因,四川省农业全要素生产率累积增长 54.70%,珠三角地区为 105.28%,粤东地区为 20.85%,粤西地区为 66.35%,粤北地区为 8.35%,珠三角地区的农业生产效率明显高于其他地区,而四川省及各地区的农业全要素生产率增长总体上主要依靠技术进步。张斌[1]运用主成分分析方法,并建立计量经济模型,从时间序列数据分析得出影响新疆农业经济增长的主要影响因素是劳动力和耕地面积等传统因素;从截面数据分析得出影响新疆农业经济增长的主要影响因素是劳动力投入、农业技术进步(包括化肥使用、灌溉等)、政府财政对农业的支出等。

1.3.2 科技投入对农业产业提升发展的研究

科技投入与经济增长之间的关系早已被国内外学界所关注。例如,索络(R Solow,1957)[2]运用柯布-道格拉斯函数,以美国 1909—1949 年的统计数据为基础,分析了技术变动率与产出增长率之间的关系;丹尼森(Denison,1967)[3]在充分考虑劳动质量和资本类型的基础上,全面深入地分析了资源配置知识进步等因素对经济增长的贡献率;保罗·罗默(Romer,1986)[4]提出了内生增长理论,认为技术进步是经济增长的源泉

---

[1] 张斌. 基于主成分回归分析法的新疆农业经济增长影响因素评价[J]. 新疆财经大学学报,2008(4):27-31.

[2] R SOLOW. Technical Change and the Aggregate Production Function [J]. The Review of Economics and Statistics,1957,39(3):312-320

[3] DENISON, EDWARD F. Why Rowth Rates Differ: Post-war Experience in Nine Westem Countries [M]. Washington: Brookings Institution,1967.

[4] P ROMER. Increasing, Returns and Long-un Growth [J]. Journal of Political Economy,1986,94(5):1002-1037.

和决定性因素；杨灿（2008）利用投入产出系数法和索罗模型法，研究了广东省科技进步对经济增长的贡献率；王姝（2007）利用弹性分析法，根据1986—2005年的数据，计算了吉林省科技经费支出对生产总值的弹性系数。这些方法同样被广泛运用于农业经济研究领域。例如，Griliches[1]早在1958年就运用计量经济学方法，计算了美国杂交玉米技术的投资回报率问题；在此基础上，AkinoMasakatsu 和 YujiroHayami（1975）[2]把研究的重心放到了公共农业科研的回报及其在生产者之间的分配上，其研究结果表明，即便在日本、美国等发达国家，品种改良研究的社会回报率也相当高，在发展中国家的社会回报率只会更高；罗伯特·埃文森（Robert Evenson，1997）[3]对农业科研投入回报率进行了国际比较分析，通过对全球375项农业科研投入回报率的研究结果考察，得出了全世界农业科研投入回报率高达49%的结论。

国内方面，樊胜根[4]分别采用可变系数模型和固定系数模型对中国农业科研投入的效益进行了测算，得出中国农业科研投入的收益率高达44%~169%。黄季焜等[5]采用CAPSIM模型对农业科研投入的效率进行模拟推算，得出在市场开放条件下，中国农业科研投入回报率达到59.6%，而在市场不开放的条件下，

---

[1] GRILICHES, ZVI. Research Cost and Social Returns: Hybrid corn and Related Innovations [J]. Journal of Political Economy, 1958, 66: 419-431.

[2] AKINO, MASAKATSU, YUJIRO HAYAMI. Efficiency and Equity in Public Research: Rice Breeding in Japan s Economic Develop-ment [J]. American Journal of Agricultural Economics, 1975, 57: 1-10.

[3] R E EVENSON. Economic Impact Studies of Agricultural Research and Extension [J]. Working Paper, Yale University, 1997.

[4] 樊胜根. 科研投资投入质量和中国农业科研投资的经济报酬 [J]. 中国农村经济，1997（2）：11-17.

[5] 黄季焜，胡瑞法. 中国农业科研投资：效益利益分配及政策含义 [J]. 中国软科学，2000（9）：21-24.

农业科研投入回报率也达到 55.8%。赵芝俊等①采用柯布-道格拉斯生产函数计算了农业科研投入的总收益边际收益和长期边际收益；顾焕章、王培志②论述了农业技术进步的含义，并阐述了农业技术进步对农业经济增长贡献率的测定原理，在对 4 种常用的农业技术进步贡献率测定方法的评价分析过后，根据边界生产函数对我国"七五"期间的农业技术进步进行了测算。测算结果为我国农业技术进步对农业经济增长的贡献率大致为 32%~33%。刁怀宏、陶永勇③测算了中国 1980—2001 年农业技术进步率为 2.75%，而于敏等④测算云南省的农业技术进步率为 2%，低于全国平均水平。周兵、冉启秀⑤通过实证分析，得出西部农业从业人员对农业总产值的弹性为 0.33，农业科技投入对农业总产值的弹性为 0.32。庞得志⑥认为农业技术进步是农业经济增长的源泉，他运用农业经济增长的计量经济模型对吉林省农业技术进步进行了测算，测算结果表明农业技术进步对吉林省农业经济增长的贡献达 40.38%。吕业清⑦对基于农业技术进步的农业经济增长模型进行了动态分析，结果表明农业技

---

① 赵芝俊，张社梅. 我国农业科研投资宏观经济效益分析. 农业技术经济，2005（6）：41-47.

② 顾焕章，王培志. 农业技术进步对农业经济增长贡献的定量研究 [J]. 农业技术经济，1994（5）：11-15.

③ 刁怀宏，陶永勇. 生产要素的配置变化与科技进步——中国 1980—2001 年农业技术进步率的估计 [J]. 农业现代化研究，2003，24（6）：438-442.

④ 于敏，方子节，姜明伦，等. 云南省农业技术进步对农业经济增长贡献的实证分析 [J]. 云南农业大学学报，2005，20（2）：294-297.

⑤ 周兵，冉启秀. 科技进步对西部农业经济增长贡献的实证分析 [J]. 中国流通经济，2007（8）：24-26.

⑥ 庞得志. 吉林省技术进步与农业经济增长 [D]. 长春：吉林大学，2009.

⑦ 吕业清. 中国农业科研、推广投资与农业经济增长的关系 [D]. 乌鲁木齐：新疆农业大学，2009.

术进步对农业经济的影响时间是相当长的,也就是说农业技术进步不是一蹴而就的,而要把推动农业技术进步当作一项长期工程来做。张晓慧等①采用实证分析的方法,研究了农业科技进步对农村不同部门劳动力从业量的影响以及由此产生的对农村居民劳动力转移和农村居民家庭收入的影响。

尽管研究方法和统计口径不同,不同学者研究结论有所差异,但都得出了科技投入对农业产业增长具有显著贡献的结论,在此基础上强调加大科技投入的重要意义。

1.3.3 关于四川省科技投入对农业产业提升发展的研究

虽然四川省是农业大省,但是针对四川省科技投入对农业产业提升增长的影响研究却未有相关文献发表,这也凸显了本次课题的重要性。

1.3.4 现有研究存在的不足

仔细分析上述关于科技投入对农业产业提升发展的研究,发现已有的研究还存在以下三方面不足:第一,已有的研究大多只关注于某一个单一的领域,缺乏系统性的思维;第二,已有的研究大都简单地列出一系列影响农业产业发展的因素,对背后的问题缺乏全面、深入的分析;第三,已有的工作大多研究全国或部分省份,而专门针对四川省的研究十分匮乏;第四,在精准扶贫的政策背景下,科技投入对农业产业提升发展的研究较少。

因此本书将在精准扶贫的政策背景下,立足四川省的实际情况,从重点入手,分析四川省科技投入对农业产业提升发展

---

① 张晓慧,梁海兵.农业科技进步对农村不同部门劳动力从业影响的实证分析[J].农业技术经济,2011(9):42-49.

的影响，并提出相应的政策建议。

1.4 研究思路

本书的研究思路主要从以下几方面展开：

（1）在科技创新相关理论的基础上，本书构建农业产业提升发展因素评价模型，为精准扶贫提供新思路。

（2）在创新型社会大背景下，本书从科技投入因素入手，深入分析农业产业发展的影响因素，为农业产业提升发展注入新思想。

（3）本书为四川省在实施精准扶贫过程中，进行有效的科技扶贫、产业扶贫提供理论指导。本书从以往经验中提取新的方法和理论，与新思想相结合，为精准扶贫提供新对策、新办法。

综上所述，本书在理论上与实践上的研究都是非常必要的。相信科技投入对农业产业提升发展影响必将成为管理科学研究的一个新的热点和前沿。同时，也希望能够通过本书推动科技创新、农业产业提升，最终实现精准扶贫目标。

1.5 主要研究内容

1.5.1 农业产业提升发展对精准扶贫的影响

首先通过查阅文献，分析整理已有研究对于精准扶贫概念的认识，进一步界定农业产业提升发展的内涵；然后收集权威专家和业内人士对精准扶贫、产业扶贫的论述，分析四川省目前所处的扶贫阶段及其特点;最后通过数据统计,分析四川省精准扶贫的成绩和面临的困难。

1.5.2 农业产业提升发展影响因素评价模型

通过主成分回归分析法对农业产业提升发展影响因素进行评价。时间序列数据的分析可以帮助我们了解长期以来促进农业产业提升发展的因素,而截面(县域)数据的分析则能让我们有效地了解现阶段农业产业提升发展的因素。本书把时间序列数据分析(2005—2015年)和县域截面数据分析(2015年)结合起来,对影响农业产业提升发展的各种因素进行定量的实证分析。

1.5.3 四川省科技投入对农业产业提升发展水平评价

本书通过有参数法(The Parametric Approach)和非参数法(The Non-parametric Approach)对四川省科技投入效率进行评价。参数法以随机前沿分析(Stochastic Frontier Analysis,SFA)方法为代表。SFA采用计量经济学方法对前沿生产面函数进行估计,需要特定的函数形式以确定投入和产出之间的逻辑关系。非参数法以数据包络分析(Data Envelopment Analysis,DEA)方法为代表,该方法采用线性规划技术,无须设定函数形式,在处理多投入多产出的效率度量上具有优势。

本书采用向量自回归模型,以2005—2015年四川省科技投入与农业产业提升发展相关数据为基础,运用脉冲响应函数,分析了四川省农业科技投入与农业产业提升发展之间的相关性。

1.5.4 建立科技投入对农业产业提升发展理论体系

在建立农业产业提升发展影响因素评价模型以及四川省科技投入对农业产业提升发展水平评价体系后,建立完备的科技投入对农业产业提升发展理论体系，为精准扶贫提供理论指导。

1.5.5 精准扶贫的政策建议

本书从科技投入对农业产业提升发展的具体问题出发，通过数据分析、实证研究，提出产业扶贫、科技扶贫的具体政策建议。

2 时代背景

2.1 精准扶贫思想哲学基础和渊源

我国农村扶贫开发战略作为一个系统的逻辑体系,需要具有科学性、实践性和前沿性的理论基础作为支撑。马克思指出了贫困产生的资本主义制度根源,因而提出了以共产主义制度来消除贫困的理论。

2.1.1 马克思恩格斯反贫困理论

2.1.1.1 贫困是资本主义制度的必然结果

关于贫困根源的分析,马克思、恩格斯认为,无产阶级的与贫困相关的一切不幸都可以在资本主义制度中找到原因。因为贫困、失业、相对贫困必然会随着资本的积累而积累。正如恩格斯所指出的"贫困是现代社会制度的必然结果,离开了这一点,只能找到贫困的某种表现形式的原因,但找不到贫困本身的原因。""工人阶级处境悲惨的原因,不应当到这些小的欺压现象中去寻找,而应到资本主义制度本身中去寻找。"①

---

① 中共中央马克思恩格斯列宁斯大林著作编译局. 马克思恩格斯文集:第1卷[M]. 北京:人民出版社,2009:368.

(1) 贫困与劳动异化。

"异化"是存在于资本主义制度下的生产、消费等一系列资本运转过程中的基本法则,也是戴在无产阶级身上不可卸下的枷锁。关于"异化"的本质,马克思指出:"劳动所产生的对象,即劳动产品,作为一种异己的存在物,作为不依赖于生产者的力量,同劳动相对立。劳动的产品是固定在某个对象中的、物化的劳动,这就是劳动的对象化……对象化表现为对象的丧失和被对象奴役,占有表现为异化、外化。""工人对自己的劳动的产品的关系就是对一个异己的对象关系。"① 在资本主义制度下生产"异化"是必然的,无产阶级"被异化"同样是不可避免的。在《1844 年经济学哲学手稿》中,马克思阐述了产业工人"被异化"的无奈。马克思指出:"被剥夺了劳动资料和生活资料的劳动能力是绝对贫困本身。"② 此时的产业工人除了劳动本身一无所有,"劳动能力是工人唯一能出售的商品,工人只是作为劳动力与物质的、实际的财富相对立。"③ 异化劳动的存在又使得以劳动形式存在的生存资本具有不确定性。马克思认为,由于异化劳动的存在,社会财富的累积导致无产阶级趋于贫穷化,或者说无产阶级的贫穷化自生于劳动本身。换言之,随着资本主义制度的发展,无产阶级的剩余劳动不仅成为资本家竞相无偿榨取的对象,而且作为追加资本成为无产阶级贫穷的制度前提和现实基础。雇佣劳动作为无产阶级维持自身生存的唯一资本在资本主义生产过程中成为自身贫穷化的工具,结果必然是劳动产品反而成为奴役、占有、剥削其自身的物质承

---

① 马克思.1884 年经济学哲学手稿[M].北京:人民出版社,2000:52.
② 中共中央马克思恩格斯列宁斯大林著作编译局.马克思恩格斯全集:第47 卷[M].北京:人民出版社,1972:39.
③ 中共中央马克思恩格斯列宁斯大林著作编译局.马克思恩格斯全集:第42 卷[M].北京:人民出版社,1972:40.

担者。"在社会增长状态中，工人的毁灭和贫穷化是他的劳动的产物和他生产的财富的产物。就是说从现代劳动本身的本质产生出来。"①

（2）贫困与资本榨取。

马克思不但揭露了资本主义制度的本质，也通过分析商品价值的形成总结出了劳动的决定性意义，通过分析资本运转总结出了可变资本的创造意义，通过分析资本积累创造性地提出了剩余价值理论。剩余价值理论不但揭开了资本主义制度伪善的面具，也为无产阶级的贫困找到了真正的根源。在《资本论》中，马克思在深刻解释资本本质的基础上指出，剩余价值是商品生产过程中超过维持雇佣工人生活所必需的劳动力价值这"一定点而延长了的价值形成过程"②。也就是说，资本主义生产过程包含着必要的一部分，不过资本家更为关注的则是用作资本积累进而扩大再生产的剩余的部分，这部分不但是产业工人创造出来被榨取的部分，也是被用作进一步剥削其本身的资本。剩余价值在榨取的手段上可以分成相对和绝对的。绝对剩余价值是在保持必要劳动时间不变的基础上延长剩余价值的生产时间来实现的③。资本家在超额剩余价值的驱使下纷纷提高劳动生产率，缩短了工人的必要劳动时间④，由此产生了对无产阶级相对剩余价值的榨取，这两种手段再一次揭示了无产阶级贫困的形成过程，同时也解释了产业工人与资本家相比下，相对贫困逐步扩大的原因。剩余价值的生产过程不可避免地伴随着必要劳动时间的缩短或者剩余劳动时间的延长，而无论哪一种

---

① 中共中央马克思恩格斯列宁斯大林著作编译局. 马克思恩格斯文集：第1卷[M]. 北京：人民出版社，2009：368.
② 马克思. 资本论：第1卷[M]. 北京：人民出版社，2004：227.
③ 马克思. 资本论：第1卷[M]. 北京：人民出版社，2004：583.
④ 马克思. 资本论：第1卷[M]. 北京：人民出版社，2004：583.

形式都会在结果上表现为工人的相对工资的下降和资本家的相对积累增多。也就是说，归结于工人工资的份额在总产品中呈递减的趋势，相对贫困程度对于无产阶级而言会随着劳动生产率的提高、资本积累的扩大及经济的增长而不断加深。在这一趋势中，无论资本家如何提高工资（支付劳动价值的假象），仍无法逆转工资与榨取份额的逆向变化，也无法掩盖其剥削的现实。因此，马克思断言："工人的绝对工资不管是货币工资还是实际工资都有增长的趋势，但工人的相对工资却是下降的，工人的受剥削程度随着经济增长不断加深，贫困在当代发达资本主义国家主要表现为相对贫困。"①

（3）贫困与失业。

在《资本论》中，马克思阐释了资本家追逐超额剩余价值的渴望，而在追求超额利润的道路上资本家通过提高资本有机构成，导致可变资本（产业工人）相对于不变资本越发减少，致使产业工人的相对过剩与失业和贫困的绝对性之间有了现实的必然性。马克思认为："工人人口本身在生产出资本积累的同时，也以日益扩大的规模生产出使他们自身成为相对过剩人口的手段。"② 在解释这一结果的形成过程时，马克思指出："社会的财富即执行职能的资本越大，它增长的规模和能力越大，从而无产阶级的绝对数量和他们的劳动生产力越大，产业后备军也越大。可供支配的劳动力同资本的膨胀力一样，是由同一些原因发展起来的。因此，产业后备军的相对量和财富的力量一同增长。但是同现役劳动军相比，这种后备军越大，常备的过剩人口也就越多，他们的贫困同他们所受的劳动折磨成反比。最后，工人阶级中贫困阶层和产业后备军越大，官方认为需要

---

① 马克思. 资本论：第3卷 [M]. 北京：人民出版社，1975：708.
② 马克思. 资本论：第1卷 [M]. 北京：人民出版社，2004：727-728.

救济的贫民也就越多。这就是资本积累的绝对的、一般的规律。"① "因此,在一极是财富的积累,同时在另一极,即在把自己的产品作为资本来生产的资产阶级方面,是贫困、劳动折磨、受奴役、无知、粗野和道德堕落的积累。"②

2.1.1.2 共产主义是消除剥削与贫困的最为根本的前提

(1) 无产者——资产阶级的掘墓人。

对于无产阶级的定位,马克思形象地指出:"资产阶级不仅锻造了置身于死地的武器;它还产生了将要运用这种武器的人——现代的工人,即无产者。"③ 无产者在资本主义制度下的不同阶段经受着同样的剥削、奴役、异化、失业、贫困,这一切决定了无产者与资产阶级的斗争始于资本主义雇佣劳动制度的建立。无产者曾被资产阶级组织起来对付他们共同的敌人——更低的生产关系,在共同的斗争中,"资产阶级不得不向无产阶级呼吁,要求无产阶级援助,这样就把无产阶级卷进了政治运动。于是,资产阶级自己就把自己的教育因素即反对自身的武器给予了无产阶级。"④ 再者,随着工业的发展,无产者不但增长了数量,而且也在同质化的压迫中使得"单个工人和单个资产者之间的冲突越来越具有两个阶级的冲突的性质。"⑤

(2) 共产主义——以资本的社会化消除贫困的制度化。

马克思认为,在资本主义生产方式下,资本是在不断加深的剥削和与雇佣劳动的对立中得到增殖的。资本的私人占有破

---

① 马克思. 资本论:第1卷 [M]. 北京:人民出版社,2004:742.
② 马克思. 资本论:第1卷 [M]. 北京:人民出版社,2004:743-744.
③ 中共中央马克思恩格斯列宁斯大林著作编译局. 马克思恩格斯选集:第1卷 [M]. 北京:人民出版社,2012:406.
④ 中共中央马克思恩格斯列宁斯大林著作编译局. 马克思恩格斯选集:第1卷 [M]. 北京:人民出版社,2012:410.
⑤ 中共中央马克思恩格斯列宁斯大林著作编译局. 马克思恩格斯选集:第1卷 [M]. 北京:人民出版社,2012:409.

坏了资本的社会属性，阻碍了资本的社会化运动，进而束缚了社会生产力的发展。资本是一种社会力量，"只有通过社会全体成员的共同活动，才能运动起来"①。从这个意义上讲，资本是社会财产，并且通过社会运转而产生。但是，这种社会财产由于雇佣劳动的存在而转变为少数人剥削多数人的现实手段。这种剥削手段表现为资本占有社会支配权力，不过这种权力是剥削、奴役无产阶级的权力。共产主义社会通过彻底根除私有制实现资本的社会化回归，"把资本变为公共的、属于社会全体成员的财产，这并不是把个人财产变为社会财产。这里改变的只是财产的社会性质。它将失掉它的阶级性质。"② 共产主义社会所消除的并不是通过劳动占有社会资本的权力，而是要消除因社会资本私人占有的权力而产生的奴役劳动的权力，使资本占有的权力向社会化回归。在共产主义社会中，劳动、资本积累不再是资本独立性、个性与买卖自由的手段，而是成为追求人的独立性、个性与自由发展的手段。因此，在共产主义社会中，随着资本私有化的消失而消失的是资本的个性、剥削的权力以及劳动的手段性，随之建立起来的将是社会资本的公平的社会化的拥有以及因此而实现的劳动的目的性和人的自由与个性。

关于共产主义社会，马克思还认为，"代替那存在着阶级和阶级对立的资产阶级旧社会的，将是这样一个联合体，在那里，每个人的自由发展是一切人的自由发展的条件。"③ 在那里，每个个体的个性相互支撑，每个个体的自由互相依存，每个个体

---

① 中共中央马克思恩格斯列宁斯大林著作编译局. 马克思恩格斯选集：第1卷 [M]. 北京：人民出版社，2012：415.

② 中共中央马克思恩格斯列宁斯大林著作编译局. 马克思恩格斯选集：第1卷 [M]. 北京：人民出版社，2012：415.

③ 中共中央马克思恩格斯列宁斯大林著作编译局. 马克思恩格斯选集：第1卷 [M]. 北京：人民出版社，2012：422.

的发展互为前提；在那里，个体的贫困不再是制度的原因，不再是剥削的结果；在那里，摆脱个体的贫困将是一切人富裕的条件；在那里，一切人发展的目的是为了消除每个个体的贫困。

2.1.1.3 马克思反贫困理论的当代指导价值

（1）坚持和完善社会主义制度是消除贫困的制度基础。

马克思认为，资本主义制度导致的贫困是"一切内容的贫困"和"一切社会的贫困"。因此，通过改良资本主义制度实现消除贫困只会在相对意义上消除贫困，而不可能从根本意义上消除贫困。马克思在批判空想社会主义者的思想基础上建构起科学社会主义的理论体系，明确提出消除贫穷将是未来社会形态即共产主义社会的重要内容。我国已于20世纪50年代中后期确立社会主义基本制度，然而我国社会主义仍处于初级阶段，换言之，它的基本特征包括人民边际生产力水平较低、经济社会发展不平衡等。虽然在制度的根本前提下已经与资本的私有化、剥削、异化彻底决裂，但是贫困、两极分化并没有消除。马克思的科学社会主义理论认为，社会基本矛盾仍然会存在于社会主义制度中，生产力与生产关系之间、经济基础与上层建筑之间依然会存在从不适应到适应的过程。但是社会主义初级阶段存在的贫困问题不再是社会制度本身造成的，需要我们在坚持制度自信的基础上通过改革的办法解决社会基本矛盾，用发展的办法解决前进中遇到的一切社会问题。

（2）坚持用发展的办法解决社会主义制度下的贫困问题。

马克思认为，未来社会形态即共产主义社会是消除贫困的制度前提，而实现共产主义社会的政治前提则需要无产阶级通过暴力革命成为统治阶级，并利用统治地位"一步一步地夺取资产阶级的全部资本，把一切生产工具集中在国家即组织成为统治阶级的无产阶级手里,并且尽可能快地增加生产力的总量。"① 可见,在共产主义世界里实现人的自由,不但需要实现资本从私有化向社会化的回归,同时也需要生产力的高度发展和物质资本充分涌流为条件。我国的社会主义制度并未如马克思预言的那样,建立在资本主义殷实的物质基础之上,而是在半封建半殖民地的社会性质的前提下建立起来的,这一历史背景决定了我国的社会主义不但要具有中国特色,而且要将发展生产力作为解决贫困的硬道理。

2.1.2 中国共产党反贫困理论

2.1.2.1 毛泽东的反贫困思想

毛泽东思想不但以实事求是和独立自主的原则成功地指导了中国的新民主主义革命和社会主义建设,也为中国彻底消除贫困扫除了"根本"障碍,为中国的扶贫道路奠定了制度基础。

旧中国的经济制度是半封建性质的,社会体制是半殖民地性质的。半封建决定了中国经济基础存在着封建的劣根性和资本主义的剥削性,半殖民地性质决定了中国的贫困与落后不仅来自于生产方式的制度根源,更来自于资本主义的国际化吞噬与帝国主义的政治性凌弱。毛泽东在深刻地分析中国实际的基础上提出了拯救中国的唯一办法是将马克思主义同中国实际相结合,并且提出了让中国革命"两步走"战略。第一步是新民主主义革命,第二步是社会主义革命。新民主主义革命是社会主义革命的必要准备,社会主义革命是新民主主义革命的必然趋势。半封建半殖民地的社会现实决定了中国必须先通过革命建立一个独立、民主、自由的新民主主义国家,这是为无产阶

---

① 中共中央马克思恩格斯列宁斯大林著作编译局. 马克思恩格斯选集:第1卷[M]. 北京:人民出版社,2012:421.

级的革命胜利奠定基础，是无产阶级消除贫困的制度手段和必经阶段。1940年1月毛泽东在《新民主主义论》一文中对新民主主义革命的政治纲领、经济纲领、文化纲领做了具体的说明。在毛泽东等共产党人的正确领导下，在以工农联盟为根本力量的支撑下，1949年新民主主义国家建立，这不但是对封建的生产方式和帝国主义欺凌的终结，也是中国人民向摆脱贫困走出的关键的一步，更是向着共产主义迈出的标志性的一步。

新民主主义革命的胜利实现了无产阶级与农民的政权，但经济基础仍属于资产阶级性质，阻碍生产力发展的生产关系并未得到彻底的改变，导致贫困的制度根源并未被根除。毛泽东认为，要使广大农民摆脱贫困，"小农经济是不稳固的，时刻向两极分化，全国大多数农民，为了摆脱贫困，改善生活，为了抵御灾荒，只有联合起来，向社会主义大道前进，才能达到目的。"[①] 因此中国的革命的第二步要将革命继续前进，建立一个社会主义国家。1953—1956年，在以毛泽东为代表的中国共产党第一代领导集体的领导下，通过互助合作的道路改造了农业和手工业，通过和平改造的方式改造了资本主义工商业。中国完成了全面的社会主义改造，使带有资产阶级性质的新民主主义国家过渡到了全面公有制的社会主义国家。社会主义制度在中国的确立彻底消除了剥削阶级、剥削制度和剥削权力的存在，崭新的生产关系为解放发展社会生产力创造根本条件，贫穷问题的根源不再是社会制度而是社会生产力不发达，为消除贫困铺开了道路、指明了方向。

中国社会主义改造完成初期，毛泽东充分分析了当时中国社会存在的十大关系，同时对中国社会主义社会的主要矛盾、基本矛盾进行了详细说明，明确提出社会主义发展的"两个阶

---

① 毛泽东.毛泽东选集：第5卷[M].北京：人民出版社，1977：403.

段"和社会主义建设"两条腿走路"的重要理论。不但发展了科学社会主义制度的理论，也为反贫困的道路做了重要的探索。毛泽东在1956年9月中共八大上指出，几千年来的阶级剥削制度已经终结于生产资料私有制的社会主义改造完成，社会主义制度已基本上确立起来。中国的主要矛盾集中地体现在人民日益增长的物质、文化的需求与现实的落后之间。社会主义主要矛盾的产生根源实质上就是经济落后，是从半封建制度直接进入社会主义社会时期物质基础薄弱，也就是说，生产力落后是社会主义社会主要矛盾的主要方面。因此，毛泽东指出，全国人民的主要任务是发展生产力，党的中心工作是经济建设，人民民主专政的根本任务是在新的生产关系下面保护和发展生产力。这一方针的提出不但是为了解决社会主义社会的主要矛盾，也是消除社会主义贫困的根本方法。

1957年2月，毛泽东在《关于正确处理人民内部矛盾的问题》中指出，"对立统一规律是宇宙的根本规律"。毛泽东认为，生产关系与生产力之间、上层建筑与经济基础之间的矛盾同样存在于社会主义社会中。然而在社会主义制度下，这两对矛盾中相适应的方面是主要的，因为社会主义革命已经解决了生产关系中不适应生产力发展的制度性变革。在社会主义社会中，生产关系仍会有不适应生产力发展的部分，并且会随着生产力的发展而提高不适应的程度，但这种矛盾是非对抗性的。毛泽东认为，社会主义的基本矛盾问题需要通过社会主义制度本身的自我完善来解决，换言之，通过改革来完善社会主义制度，解决社会主义基本矛盾。但是改革的目的不在于生产关系本身，而在于解放和发展生产力。从毛泽东对于社会主义基本矛盾的论述中也能够看出，社会主义改革的目的更是为了发展生产力。在毛泽东看来，在社会主义制度下是否有利于生产力的发展是检验有关发展的一切是非曲直的标准。为此，毛泽东明确指出：

"中国一切政党的政策及其实践在中国人民中所表现的作用的好坏和大小,归根到底,看它对于中国人民的生产力的发展是否有帮助及其帮助之大小,看它是束缚生产力的,还是解放生产力的。"①

总的来看,毛泽东对于社会主义基本矛盾的理论探索最终归结到了生产力发展上。这不只是对于中国社会主义道路的理论探索,也为解决中国贫困问题做出了理论指引。这不但是后来的"发展才是硬道理""三个有利于""科学发展观"的理论基础,也是我国扶贫开发战略方针的理论依据。关于社会主义社会的经济建设,毛泽东提出了"两条腿走路"的方针,即农业和工业并举、轻工业和重工业并举、中央工业和地方工业并举、沿海工业和内地工业并举。这不但是后来的"两个大局"构想的理论起点,也是关于扶贫理论的城乡一体化、以工促农、以城带乡、"多予、少取、放活"、东西协作对口扶贫等相关政策的理论源泉。

2.1.2.2 邓小平的反贫困思想

邓小平以解放思想、实事求是的态度,抓住"什么是社会主义、怎样建设社会主义"这个根本性问题,深刻揭示了社会主义的本质,系统回答了中国特色社会主义发展道路、发展阶段、发展动力、根本任务等一系列问题,为中国特色的扶贫开发道路奠定了最为坚实的理论基础。

(1) 消除贫困——社会主义的本质和根本任务。

1992年,邓小平在南方谈话中对社会主义的本质进行了科学的概括,社会主义的本质就是"解放生产力,发展生产力,消灭剥削,消除两极分化,最终达到共同富裕。"② 生产力是社

---

① 毛泽东.毛泽东选集:第3卷[M].北京:人民出版社,1991:1079.
② 邓小平.邓小平文选:第3卷[M].北京:人民出版社,1993:373.

会发展的最根本的决定性因素,同时也是解决中国社会主义主要矛盾和社会主义初级阶段的各种社会矛盾的根本依靠。消除阶级剥削和贫富两极分化突出了社会主义生产关系的性质,社会主义生产关系不但要适合社会生产力的发展水平而且要在机会平等、资本社会化、劳动者个性化等方面体现社会主义制度的本质优越性。共同富裕是社会主义最终要达到的目标,也是社会主义的一个根本原则。邓小平关于社会主义本质属性的界定从宏观上界定了社会主义建设的根本动力、根本原则和最终目标,同时也为中国的扶贫事业指明了方向,为扶贫开发战略的重要性和必要性提供了依据。

关于贫困,邓小平多次强调:"社会主义要消灭贫穷。贫穷不是社会主义,更不是共产主义。"[①] "我们的目的是共同富裕。"[②] 他认为共同富裕是由社会主义制度的根本性质决定的。从这个意义上讲,消除贫困是社会主义的根本任务。然而,我国社会主义并没有建立在资本主义坚实的物质基础之上,而是建立在腐朽闭塞的封建制度基础之上的。这就决定了中国社会主义必然要经历一个漫长且不发达的初级阶段。社会主义初级阶段的首要任务是依靠发展来消除贫困以彰显社会主义制度的优越性,正如邓小平指出的:"整个社会主义历史阶段的中心任务是发展生产力,这才是真正的马克思主义。就我们国家来讲,首先是要摆脱贫穷。"[③]

(2) 消除贫困——必须坚持社会主义制度。

邓小平"社会主义初级阶段"理论对在一定时期、一定范围内存在贫困的现实给予了充分的解释。邓小平指出:"落后国

[①] 邓小平. 邓小平文选:第3卷 [M]. 北京:人民出版社,1993:63-64.
[②] 邓小平. 邓小平文选:第3卷 [M]. 北京:人民出版社,1993:254-255.
[③] 邓小平. 邓小平文选:第3卷 [M]. 北京:人民出版社,1993:255.

家建设社会主义，在开始的一段时间内生产力水平不如发达的资本主义国家，不可能完全消灭贫穷。"① 但是，"只有社会主义制度才能从根本上解决摆脱贫困的问题。"②

邓小平进一步解释了这个问题："中国根据自己的经验，不可能走资本主义道路。道理很简单，中国十亿人口，现在还处于落后状态，如果走资本主义道路，可能在某些局部地区少数人更快地富起来，形成一个新的资产阶级，产生一批百万富翁，但顶多也不会达到人口的百万分之一，而大量的人仍然摆脱不了贫困，甚至连温饱问题都不可能解决。只有社会主义制度才能从根本上解决摆脱贫困的问题。"③ 因此，"中国要解决十亿人的贫困问题，十亿人的发展问题，只能靠社会主义。"④

（3）消除贫困——发展才是硬道理。

邓小平立足于中国实际，提出以"发展"的办法来解决中国前进中的问题。邓小平反复强调："要注意经济稳定、协调发展，但稳定和协调也是相对的，不是绝对的。发展才是硬道理。这个问题要搞清楚。"⑤ 同时要"抓住时机，发展自己，关键是发展经济。"⑥ 实现经济发展归根结底要依靠社会生产力发展水平的提高。因此，他坚定地指出：判断一切工作的是非得失的标准，"应该主要看是否有利于发展社会主义社会的生产力，是否有利于增强社会主义国家的综合国力，是否有利于提高人民的生活水平。"⑦ "三个有利于"标准的提出有助于将发展的注

---

① 邓小平. 邓小平文选：第3卷 [M]. 北京：人民出版社，1993：10.
② 邓小平. 邓小平文选：第3卷 [M]. 北京：人民出版社，1993：208.
③ 邓小平. 邓小平文选：第3卷 [M]. 北京：人民出版社，1993：207-208.
④ 邓小平. 邓小平文选：第3卷 [M]. 北京：人民出版社，1993：229.
⑤ 邓小平. 邓小平文选：第3卷 [M]. 北京：人民出版社，1993：377.
⑥ 邓小平. 邓小平文选：第3卷 [M]. 北京：人民出版社，1993：375.
⑦ 邓小平. 邓小平文选：第3卷 [M]. 北京：人民出版社，1993：372.

意力集中于社会主义现代化建设的需要。

邓小平进一步指出改革是发展的动力和稳定的根本保障，是社会主义制度的自我完善的根本方法。邓小平说："改革也是为了扫除发展社会生产力的障碍，使中国摆脱贫穷落后的状态"。① 1980年5月，邓小平在一次重要谈话中对小岗村"大包干"的做法给予了充分的肯定，并且明确表示"农村改革势在必行"。邓小平所说的"大包干"就是家庭联产承包责任制，突破了传统意义上的社会主义所有制，实现了土地产权制度的革命性变革，农民充分享有土地使用权、土地收益权和土地处置权，农民的积极性、主动性和创造性充分调动起来，为解放和发展农村生产力奠定了坚实的制度基础。随着改革开放的发展，农业经营体制逐步生成为实行家庭承包为基础与统分结合的双层经营体制。随着农村商品经济的发展，广大农民积极探索适合社会生产力发展水平的集体所有制实现方式，极大提高了农民的积极性，使农村生产力得到了持久的发展，提高了农民生活水平，极大地消减了贫困的基数。邓小平关于农村改革的思想来自于我国农民的伟大创造，是对马克思主义农业合作化理论的新发展，为我国农村扶贫开发战略奠定了影响深远的理论基础和制度基础。

2.1.2.3 习近平的扶贫开发思想

党的十八大以来，习近平多次深入贫困地区指导扶贫工作，深刻阐明了我国扶贫开发工作所面临的重大理论和实际问题，以创新的思维和精准的理念提出了一系列符合新时期扶贫开发工作需要的新理论。习近平的扶贫思想为中国农村扶贫开发战略注入了更具创造性的理论支撑和实践指导。

---

① 邓小平. 邓小平文选：第3卷 [M]. 北京：人民出版社，1993：135.

（1）摆脱思想贫困。

习近平在《摆脱贫困》一书中曾这样写道："全书的题目叫作'摆脱贫困'，其意义首先在于摆脱意识的思路的'贫困'，只有首先'摆脱'了我们头脑中的'贫困'，才能使我们所主管的区域'摆脱贫困'，才能使我们整个国家和民族'摆脱贫困'，走上繁荣富裕之路"。① 习近平认为，要消除贫困这一客观存在的社会问题，必须在主观思想上先摆脱贫困，贫困地区的干部、群众要摆脱"等、靠、要"的思想，依靠国家扶贫政策的外部支持提高自我发展能力，将自身视为脱贫的主体。习近平的这一扶贫思想继承了中国农村扶贫开发战略中注重贫困人口自我发展能力的观点，突出了贫困人口在扶贫开发战略中的主体地位，为新时期打赢扶贫攻坚战指明了方向。

（2）扶贫开发的战略地位。

党的十八大提出了"全面建成小康社会"的新部署。全面建成小康社会，重点在农村，难点在农村的贫困地区，能否补齐"短板"让贫困地区尽快赶上来，实现小康惠及全体人民，不但是实现全面建成小康社会这一目标的现实需要，也是扶贫开发工作的根本任务。因此，习近平强调："必须时不待我地抓好扶贫开发工作，决不能让贫困地区和贫困群众掉队。""扶贫开发是我们第一个百年奋斗目标的重点工作，是最艰巨的任务。""革命老区、民族地区、边疆地区、贫困地区在'三农'工作中要把扶贫开发作为重中之重。"②

习近平"重中之重"的扶贫思想将新时期的扶贫开发工作摆在了更加突出的位置，农村扶贫开发的成效关系到小康社会

---

① 习近平.摆脱贫困 [M].福州：福建人民出版社，1992.
② 刘永富.确保在既定时间节点打赢扶贫攻坚战——学习贯彻习近平关于扶贫开发的重要论述 [J].老区建设，2015（21）：9.

的全面建成，关系到共同富裕这一社会主义本质属性能否实现。

（3）打赢扶贫攻坚战，精准扶贫。

从20世纪80年代中期开始有组织、有计划、大规模扶贫开发以来，我国的瞄准目标经历了从重点县到贫困村的调整。然而，即使将瞄准目标缩小至村一级仍不能避免扶贫资源及措施相对于扶贫对象的偏离。为此，2013年习近平在湘西做扶贫调研时指出："扶贫要实事求是，因地制宜。要精准扶贫，切勿喊口号，也不要定好高骛远的目标。"① 在习近平这一思想的指导下，精准扶贫作为新时期扶贫措施的根本方略被融入到了农村扶贫开发战略之中。经过了建档立卡、驻村帮扶等举措的落实，扶贫开发工作中底数不清、目标不准、效果不佳等问题得到了初步的解决，通过对贫困村、贫困户进行精准化识别、针对性扶持、动态化管理，精准扶贫工作机制已具雏形，扶真贫、真扶贫的根本目的正在实现。2015年，习近平指出："要坚持精准扶贫、精准脱贫，重在提高脱贫攻坚成效。关键是要找准路子、构建好的体制机制，在精准施策上出实招、在精准推进上下实功、在精准落地上见实效。"② 关于精准扶贫的总体要求，习近平强调："我们注重抓六个精准，即扶持对象精准、项目安排精准、资金使用精准、措施到户精准、因村派人精准、脱贫成效精准，确保各项政策好处落到扶贫对象身上。"③ 关于精准扶贫的实现途径，习近平指出："我们坚持分类施策，因人因地施

---

① 新华网．习近平赴湘西调研扶贫攻坚［EB/OL］．（2013-11-03）［2017-06-30］．http://news.xinhuanet.com/politics/2013-11/03/c_117984236_3.htm．

② 人民网．习近平的脱贫关键词：精准引领全面小康进入冲刺时间［EB/OL］．（2016-02-01）［2017-06-30］．http://politics.people.com.cn/n1/2016/0201/c1001-28100811.html．

③ 新华网．习近平主席在2015减贫与发展高层论坛上的主旨演讲［EB/OL］．（2015-10-16）［2017-06-30］．http://news.xinhuanet.com/politics/2015-10/16/c_1116851045.htm．

策,因贫困原因施策,因贫困类型施策,通过扶持生产和就业发展一批,通过易地搬迁安置一批,通过生态保护脱贫一批,通过教育扶贫脱贫一批,通过低保政策兜底一批。"[1]

习近平的这一思想以"扶持谁""谁来扶""怎么扶"为出发点,以"扶真贫""真扶贫""真脱贫"为落脚点,将农村扶贫开发战略的对象进一步细化,使措施更具针对性、效果更具持续性。精准扶贫是中国扶贫开发理念的又一重大创新,成功实现了农村扶贫从"漫灌"到"滴灌"的转变。

2.2 精准扶贫战略

世界银行在2009年的《从贫困地区到贫困人群:中国扶贫议程的演讲》中建议中国要将扶贫瞄准对象进一步细化。原因是即使扶贫瞄准的单元从区域到村级,而且即使村级瞄准做得非常好,但很多贫困人口还是可能被漏掉(因为贫困的分散性不断加强),并且,在被瞄准的目标村进行的投资的很多收益会转移到这些村里的非贫困人口身上。因而,以地区为基础的瞄准进一步发挥作用的空间有限,应该用家庭瞄准的方法进行补充。为了应对农村贫困人口日趋明显的分散性、流动性、异质性的特点,以家庭为瞄准单位的精准扶贫措施于2013年被中国政府正式实施。

2.2.1 精准扶贫的提出

党的十八大以来,习近平总书记进山区、访老区、走边疆、

---

[1] 新华网. 习近平主席在2015减贫与发展高层论坛上的主旨演讲[EB/OL]. (2015-10-16) [2017-06-30]. http://news.xinhuanet.com/politics/2015-10/16/c_1116851045.htm.

入海岛，对新时期扶贫开发工作做了一系列战略部署，并形成了具有时代特征的扶贫开发战略思想，集中体现在三个方面：第一，"重中之重"的战略地位（习近平强调："三农工作是重中之重，革命老区、民族地区、边疆地区、贫困地区在三农工作中要把扶贫开发作为重中之重。"）。第二，改革创新扶贫开发管理体制。第三，开启科学扶贫、精准扶贫和内源扶贫。精准扶贫是新一代领导集体在深入调研、充分分析新时期中国农村贫困特征的基础上，提出的科学的扶贫开发理念，是指导下一阶段农村扶贫开发的工作方针。2013年习近平在湘西做扶贫调研时指出："扶贫要实事求是，因地制宜。要精准扶贫，切勿喊口号，也不要定好高骛远的目标。"[①] 同年，中共中央、国务院发布了《关于创新机制扎实推进农村扶贫开发工作的意见》，将建立精准扶贫工作机制作为新时期农村扶贫开发工作的六大机制创新之一。随后，国务院扶贫办制订了《建立精准扶贫工作方案》，对精准扶贫的目标任务、重点工作提出了明确的要求。从此，以精准扶贫为基本方略的扶贫工作在全国范围内展开。

2.2.2 精准扶贫方略的内涵

精准扶贫实质是实现扶贫目的的一个过程，也是一个内在联系的有机体系。作为过程，精准扶贫包括精准识别、精准帮扶、精准管理和精准考核。作为体系，精准扶贫是一个相互联系、协同推进的有机整体，包括建档立卡、干部驻村帮扶制度建设、扶贫开发三大品牌建设，这几项工程共同发力，是协同效应在扶贫开发实践中的实现。

2.2.2.1 精准扶贫实现路径

首先是精准识别，它是精准帮扶、精准管理、精准考核的

---

① 新华网. 习近平赴湘西调研扶贫攻坚［EB/OL］. (2013-11-03)［2017-06-30］. http://news.xinhuanet.com/politics/201311/03/c_117984236_3.htm.

前提和基础。总体来看，扶贫的对象有片区、重点县、贫困村和贫困户这四类，其中国家已经确定片区和重点县，这次识别的主要对象就是贫困村和贫困户。根据刘永富的建议，一个村的贫困人口（低于国家制定的 2 300 元标准）占总数的 20% 以上的就可以认定为贫困村。对于贫困户的识别是重点，根据中央制定的"县为单位、规模控制、分级负责、精准识别、动态管理"的原则，通过申请评议、入户调查、公示公告、抽查检验等程序将需要帮扶的贫困人口找出来，再将其致贫原因、帮扶措施、帮扶对象、帮扶效果等相关信息建档立卡并录入全国统一系统，以作为扶贫政策、项目、资金的依据。第二梯度是精准帮扶，是在识别出来的贫困村和贫困户的基础上，差别化、个性化地分析其致贫原因，与干部驻村帮扶制度相衔接，对每个贫困户落实责任人，并有针对性地制订帮扶计划，"手拉手"帮助其脱贫。第三梯度是精准管理，是在做好前两项工作的基础上，对扶贫对象进行全过程、立体化的监测，将信息录入至全国统一建立的扶贫网络系统，不断更新实时信息，根据扶贫对象的扶持成效进行"有进有出"的动态管理。第四梯度是精准考核，是对贫困村和贫困户的识别、帮扶、管理的绩效以及贫困县的扶贫开发工作情况进行量化评定，通过奖励先进鞭策后进，以此激励各项扶贫工作落到实处、抓出实效。这四个梯度既环环相扣又有时间上的连续性和逻辑上的梯度性，是以一个递进的过程来实现精准扶贫的结果。

2.2.2.2 精准扶贫包含着三个子系统

精准扶贫包含着三个相互关联的子系统，即建档立卡、驻村帮扶、扶贫品牌。这三个子系统同向、同时运行，最终在扶贫攻坚中达到协同效应的效果。

建档立卡是精准识别的有效载体和精准扶贫的基础工程。习近平在阜平慰问贫困群众时告诫当地干部"情况搞清楚了，才能把工作做到家、做到位。帮助困难乡亲脱贫致富要有针对性，要一家一户摸情况，张家长、李家短都要做到心中有数。"①在此之前的农村贫困人口数量是国家统计局通过对74 000位农村住户调查而得出的一个抽样调查数据推算出来的，这个方式得出的数据只具有掌握贫困人口规模和把握贫困发展趋势的作用。建档立卡的工作目标是"通过建档立卡，对贫困户和贫困村进行精准识别，了解贫困状况，分析致贫原因，摸清帮扶需求，明确帮扶主体，落实帮扶措施，开展考核问效，实施动态管理。对贫困县和连片特困地区进行监测和评估，分析掌握扶贫开发工作情况，为扶贫开发决策和考核提供依据。"② 可以说建档立卡完成了精准扶贫最需要明确的4个"W"，即谁是贫困人口（WHO）、致贫原因何在（WHY）、用什么方式帮扶（WHAT）、帮扶效果如何（HOW），这4个W填补了中国扶贫开发的盲点，是实现精准扶贫的基石，是"防止平均数掩盖大多数"的目的之"显微镜"。具体来说，建档立卡的工作对象包括片区、贫困县、贫困村和贫困户。由于片区和贫困县已经确定，因而不再进行识别，仅对832个贫困县的基本情况、发展现状、基础设施、公共服务、帮扶情况和扶贫成效六个方面内容进行监测，由县级扶贫部门填写每年的《贫困县监测表》，录入全国扶贫信息系统。贫困村的建档立卡工作首先由省根据"规模控制"的要求确定贫困村规模，并按照"一高一低一无"（行政村贫困发生率比全省贫困发生率高1倍以上，行政村2013

---

① 新华网. 人类减贫史上的伟大实践——党中央关心扶贫开发工作纪实[EB/OL]. (2014-10-16) [2017-06-30]. http://news.xinhuanet.com/politics/2014-10/16/c_1112858564.htm.

② 国务院扶贫办. 国务院扶贫办《关于印发扶贫开发建档立卡工作方案》的通知. [EB/OL]. (2014-04-02) [2017-06-30]. http://www.scfpym.gov.cn/show.aspx?id=25605.

年全村农民人均纯收入低于全省平均水平60%，行政村无集体经济收入）的标准进行识别，再将识别规模分解到县，由县分解到乡镇。对于符合识别条件的贫困村采取"村委会自愿申请、乡镇人民政府审核、县扶贫开发领导小组审定"和"一公示一公告"的流程进行，再通过结对帮扶落实帮扶单位责任。此后，由乡镇人民政府组织村民委员会将贫困村的基本情况、帮扶情况和帮扶成效等七个方面内容填入《贫困村登记表》，并由乡（镇）政府负责录入扶贫网络系统从而进行动态管理。贫困户的建档立卡工作首先以 2013 年农民人均纯收入 2 736 元的扶贫标准为识别条件，各省根据《贫困人口规模分解参考方法》的分解安排，以国家统计局发布的全国农村贫困人口规模（8 249 万人）基数为依据，通过自愿申请、民主评议、村核实镇审核、"两公示一公告"的步骤识别出贫困户，再通过结对帮扶落实帮扶主体责任，并根据乡镇人民政府组织将家庭基本情况、致贫原因等六个方面内容填写《扶贫手册》并录入全国扶贫信息网络系统从而进行动态管理。截至 2014 年 11 月，各地全面完成了建档立卡工作，共识别出贫困村 12.8 万个，贫困人口 8 000 多万人。

　　驻村帮扶是精准扶贫的有力抓手。如果说精准扶贫是从"漫灌"到"滴灌"的方式转变，那么驻村帮扶就是"滴灌"的管道，能够使扶贫之"水"滋润到每一寸"旱田"。中央办公厅、国务院办公厅印发的《关于创新机制扎实推进农村扶贫开发工作的意见》明确要求各省要健全干部驻村帮扶机制。国务院扶贫办印发的《关于建立精准扶贫工作机制实施方案》也对此项工作提出具体要求，"各省（区、市）普遍建立干部驻村工作制度，做到每个贫困村都有驻村帮扶工作队，每个贫困户都有帮扶责任人，并建立驻村帮扶工作队、贫困户帮扶责任人数据库。"① 2014年3月召开的国务院扶贫开发领导小组第二次全体会议进一步提出,各地要将懂扶贫、有经验、有能力的干部派驻到每个贫困村,落实帮扶责任,帮助贫困户脱贫致富,并将干部驻村帮扶工作同党的群众路线教育实践活动紧密结合起来。截至2014年年底,省市县乡四级抽调了40余万干部,组建了12万支驻村队伍扎根于贫困村。驻村工作组是扶贫到村到户的保障和精准扶贫基础,不但为深入了解农村贫困实际提供了载体,也在贫困地区广泛宣传了党的农村政策和扶贫方针,更加强了贫困地区的基层组织建设,增进了干群间的血肉联系。

培育扶贫品牌是为精准扶贫搭建平台的过程,是实现内源扶贫的推动力。扶贫品牌包括三个载体,一是"拔穷根"的雨露计划。此项工作不同于一般性的教育,而是针对建档立卡识别出来的贫困户中的"两后生"(初、高中毕业未能继续升学的贫困家庭中的富余劳动力),以提供贴息贷款或生活补贴的方式完成其2~3年的职业教育培训,使其成为具有现代技能的技术工人。具体而言,就是贫困家庭的孩子可在户籍所在地申请贫困助学补助,资金可直接汇到贫困家庭申请的一卡通上,同时贫困学生还可申请生源地信用助学贷款,这样既可以以提供合格劳动者的角度为我国新型工业化和新型城镇化道路做出贡献,也可以开发贫困户的就业、创业能力和自我发展能力,阻断其贫困代际传递的可能。二是"换穷业"的小额贷款。主要以贫困户中没外出就业而有创业意愿的为主要对象,对其发展致富产业给予特惠金融政策扶持,即提供5万元额度3年期限的无抵押、无担保、基准利率房贷的扶贫小额信贷资金,提高其

---

① 国务院扶贫办.关于印发《建立精准扶贫工作机制实施方案》的通知[EB/OL].(2014-04-02)[2017-06-30]. http://www.cpad.gov.cn/publicfiles/business.htmlfiles/FPB/gggs/201405/196759.html.

创业积极性并为其发展特色产业创造条件，使其在外力的帮助下实现内源脱贫。三是"挪穷窝"的易地扶贫搬迁。是在坚持尊重自愿的前提下，利用新型城镇化政策要解决"三个一亿人"问题的契机，按照生态环境建设规划。对生活在由于环境、基础设施建设问题等原因而不具备生存条件或者就地脱贫成本高、难度大的贫困地区的建档立卡户，给予特殊支持，实现其易地扶贫搬迁，阻断其贫困状态在原地代际延续。

如上所述，建档立卡、驻村帮扶、扶贫品牌是精准扶贫之"鼎"的"三足"。而三者也有互为因果的内在逻辑关系，建档立卡是准驻帮扶和扶贫品牌的信息基础，既是决定后两者"有为"之因，也是后两者"无不为"之果。驻村帮扶是建档立卡与扶贫品牌联系的纽带，是贫困村和贫困户与扶贫政策、项目、资金的桥梁。扶贫品牌是建档立卡的意义所在和驻村帮扶的行为载体，同时也需要建档立卡为其提供方向，驻村帮扶为其提供导向。

2.2.3 精准扶贫方略的要求与途径

2015年习近平总书记在贵州省集中连片特困地区扶贫攻坚座谈会上提出了精准扶贫的基本要求，即"六个精准"，分别为扶持对象精准、项目安排精准、资金使用精准、措施到户精准、因村派人精准、脱贫成效精准。"六个精准"是习近平对精准扶贫方略的新发展，是打赢扶贫攻坚战和全面建成小康社会对扶贫开发提出的现实要求。"六个精准"不仅要求扶贫工作要做到"扶真贫"，还要实现"真扶贫""真脱贫"，不但要求扶贫要在精准施策上出实招，而且要在精准推进上下实功，在精准落地上见实效。

习近平在2015减贫与发展论坛的主旨演讲中提出了"五个一批"，这不仅是对当前农村贫困人口的总体分类特征的精准把握，也是精准扶贫方略和确保2020年农村贫困人口实现脱贫的主要途径。当下，能否全面建成小康社会关键在于能否解决建档立卡识别出的7 000万农村贫困人口的贫困问题，这是关键的"最后一公里"。"五个一批"指的是扶持生产和就业发展一批、移民搬迁安置一批、生态补偿脱贫一批、发展教育脱贫一批、低保政策兜底一批。扶持生产和就业脱贫一批的对象是建档立卡中1 000万有劳动能力的贫困人口，是要通过制定贫困地区特色产业发展规划并出台专项政策来统筹涉农资金，支持贫困地区因地制宜发展特色产业，使这部分人在发展的带动下和自身的努力下实现脱贫。通过加大职业技能提升计划和贫困户教育培训工程实施力度来使这部分人通过转移性就业、非农就业实现脱贫。移民搬迁安置一批所针对的是生活在生态环境、自然资源双重约束下的贫困地区的1 000万农村贫困人口，这部分人由于地缘原因无法通过发展生产来实现脱贫，要将其转移到有生存和发展条件的地方，以搬得出、稳得住、能致富为基本原则，保证其易地脱贫。生态补偿脱贫一批针对的对象是建档立卡中1 000万生活在肩负着生态保护重任的区域的贫困人口，是要通过加强重点生态功能区转移支付力度，开展贫困地区生态综合补偿试点、完善草原生态保护补助奖励政策等措施，推动区域间建立横向生态补偿制度来弥补这些区域因生态保护而放弃的发展权，以补偿的方式实现这部分贫困人口的脱贫。发展教育脱贫一批针对的对象是由贫困而导致的在起点上不能接受公平教育的农村贫困人口，建档立卡识别出了1 000万左右的农村人口。通过实施教育扶贫工程让贫困家庭子女能够接受公平的、有就业潜力的教育，以实现这部分人将教育程度转化为人力资本进而实现脱贫，阻隔贫困的代际相传。低保政策兜底一批针对的扶贫对象是暂时或持久性无法通过开发式扶贫措施实现脱贫的农村贫困人口，是要通过政策性兜底来保障这部分人的生存权和部分的发展权。"五个一批"与建档立卡中的贫困人口的致贫原因相对应，是精准识别基础上的精准措施。"五个一批"与扶贫攻坚战需要解决的农村贫困人口基数相对应，是保障扶贫开发成效精准的先决条件。

2.2.4 精准扶贫方略的重要意义

我国从20世纪80年代中期开始有组织、有计划、大规模扶贫开发以来，瞄准单元经历了三次调整，即从以重点县为基本单元调整为重点县与贫困村并重，再到集中连片特困区与重点县、贫困村并举的调整。长期以来，我国扶贫所瞄准的对象一直延续着以区域为基本单元的原则，这对于各阶段而言是有现实依据和合理性的。然而，随着农村贫困分布的变化、贫困特征的转变以及新时期国家扶贫理念的发展，以区域为瞄准目标的扶贫方针已不符合上述要求。从日益突出的相对贫困问题来看，在宏观经济快速增长的背景下，区域单元瞄准的目标偏离和"精英获取"导致农村内部的基尼系数从1978年的0.212 4提高到2011年的0.389 7，增加了83%。"不平等的扩大意味着处于收入分配低端的贫困人口越来越难以享受经济增长的好处，即经济增长的减贫效应下降。这意味着靠推动贫困地区经济增长来带动贫困人口脱贫的效果越来越差，而中国经济增长速度的下降和具有更强减贫效应的农业在国内生产总值中比重的下降进一步降低了经济增长的减贫效应。"① 在这一背景下，将扶贫措施有针对性地施于不同致贫原因的贫困人口，可以抵消经济增长对于减贫效应的下降趋势。从居高不下的农村返贫率来看，这个问题从结果上看关系到扶贫效果的可持续性，但从深层次原因来看，这可以追溯扶贫方略是否得当。从以往的扶贫

---

① 汪三贵，郭子豪. 论中国的精准扶贫[J]. 贵州社会科学，2015(5)：148.

措施来看，以区域为基本扶贫施策单元实质上就是将"特惠性"政策"普惠"至该单元。这不止会造成贫困群体在获取资源的劣势，也会造成以同质性的办法解决多样化的需求的"大水漫灌"，在这种方略下脱贫的群体只是暂时性受益于专项扶贫措施和涓滴性受益于经济增长的共同结果，这就相当于"止于止痛，并未消炎"，而这种结果就是贫困脆弱性的根本原因，症结就在于没有从根本上找出贫困的原因并"因病施策，靶向治疗"。建立精准扶贫工作机制的根本目的是在准确、详实地掌握扶贫对象的基本信息的基础上，通过对扶贫资源的整合与精准化配置，实现对扶贫对象动态化管理、精确化扶持、内源性脱贫。这是扶贫开发从"漫灌"向"滴灌"转变的载体，是实现科学化扶贫和内源化扶贫的前提，也是以"小而无内"的精准手段打赢扶贫攻坚战，实现"大而无外"的全面建成小康社会的现实选择。

3 四川省基本情况

我国已经进入了全面建成小康社会、实现第一个百年奋斗目标的决胜阶段,最艰巨的任务是脱贫攻坚,最突出的问题是农村现有贫困人口脱贫和区域性整体贫困。农业是贫困地区农民生活和收入的主要来源,脱贫攻坚就必然要求加快贫困地区农业产业发展。

四川省贫困地区或多或少都有独特的资源禀赋,但有的开发利用不够,出现了"富饶的贫困"现象。要把资源优势转化成产业优势、扶贫优势和经济优势,培育一批增收致富的支柱产业。农牧业在四川省贫困地区经济和社会发展中的地位和作用举足轻重,部分贫困地区农牧业助农增收的贡献率已超过了70%,是贫困地区农牧民世代经营并赖以生存发展的传统产业、基础产业,也是拓展贫困地区群众增收渠道的骨干产业。在贫困地区实施"宜农则农、宜牧则牧、宜林则林、宜渔则渔、宜旅则旅"策略发展特色农牧业,是实现贫困农牧民就地脱贫最为现实的选择。

3.1 四川省农业科技相关状况

"十二五"期间,农业发展的核心任务是转变农业发展方式，中国农业正处于传统农业向现代农业加速转变的关键时期，而科学技术是第一生产力，发展农业和农村经济必须依靠科技的进步。近年来，我国农业科技整体水平有很大变化，农业科技进步贡献率也不断提高，但农业科技创新依然不足，农业科技发展相对缓慢，严重制约着农业的发展。

农业科技，主要就是用于农业生产方面的科学技术以及专门针对农村生活方面和一些简单的农产品加工技术，包括种植、养殖、化肥农药的用法、各种生产资料的鉴别、高效农业生产模式等几方面。

农业产业化是一个系统工程，理清科技创新和农业产业化的内在联系，统筹安排，进行区域创新体系的建设，中国的农业产业化过程就会加快。无论是从农业产业的特性讲，还是从农业产业化的内在要求讲，科技创新在农业产业化经营过程中都起到了关键性的作用。例如，动力机械和机械技术的革新大幅度提高了农业劳动生产率。"十三五"规划建议指导农业产业发展方向需整合农业、畜牧、水产等领域信息资源，推动"互联网+"农业，打通农产品产供销一体化链条，推进农村电子商务发展，创新农产品流通模式。由此可以看出，只有通过农业科技创新才能使农业科技成果层出不穷，农业产业化就是一个用科学技术武装农业的问题。

3.1.1 四川省农业科学技术的现状

近年来，四川省农业科技取得了较大的发展，农业科学技术水平取得显著提升，科技进步对农业的贡献率由"十五"期间的45.54%增长到"十二五"期间的50%以上。农业科技创新和服务体系逐步完善。截至2015年年底，四川省现代农业产业技术创新团队发展到12个，整合154名农业科技专家，建设了60个农业产业科技示范基地县；加强了基层农技推广体系建设，实施了乡镇或区域农技推广机构条件建设项目。随着政府对农业科技的大力投入，农业科技自主创新取得新成效，"十二五"期间，育成并通过国家审定农作物新品种、畜禽品种357个，省级审定444个，研究集成新技术、新模式、新工艺240多项，研发新产品20多个；形成技术标准和技术规程50多个；获得国家及省级科技进步奖励140多项。

3.1.2 农业科学技术面临的问题

四川省农业科学技术水平虽然有了一定的发展，但是由于起点低、地形限制等诸多原因，四川省科学技术的发展仍然面临着许多问题。

3.1.2.1 农业机械化水平低

四川省农业发展的科学技术水平比较落后，机械化水平低。四川大部分地区属于丘陵地形，四川盆地丘陵区耕地占全省耕地面积的57.6%，再加上种植的品种不同，成熟时间各异。例如，农户一般将玉米和小麦套种，但是四川种植冬小麦，次年5月收获，导致玉米刚播种就要收获小麦，这样就不利于机械化作业。并且由于地形的限制，四川省大中型机械化数量很少，甚至小型拖拉机数量也严重不足。四川省农业机械化水平低的另一个表现是农机结构单一。以广安市为例，由于广安市地处四川盆地东部丘陵地带，以水田居多。广安市使用的农业机械种类单一，使用的农机大多数为半自动打谷机，农机装备结构不合理，发展不平衡，粗放型增长方式没有得到根本转变。广安市拥有的农业机械中，动力机械多，配套机械少，机具配套率比较低；收获机械多，耕作、种植、植保机械少；用于粮食作物的机械多，用于经济作物的机械少。

同时，家庭联产承包责任制这种"超小型"生产规模，在每个家庭这样少的土地空间内是很难运用大型机械进行播种、收割的，严重地制约了农业机械化的发展。

3.1.2.2 农产品加工技术落后

农产品加工技术落后，农产品附加值得不到提升，加工转化和增值率低。大多数农产品都只经过初级简单加工就进入市场，一般品质和售价都较低。农产品加工企业的技术创新能力弱，设备落后，加工技术远远低于国际水平。以果蔬为例，四川省果蔬加工损耗率高达25%，而发达国家，如美国仅为1.7%~5%。四川省农产品加工企业多生产一般性产品、传统性产品和资源型产品，而且高技术、高附加值的产品少，产业链条短、品种单一。以小麦加工为例，四川省围绕小麦生产的产品仅为10多种，而日本为60多种，美国多达100多种。四川省现有农产品加工企业3 000家以上。但是其中技术先进、能起到带动作用的龙头企业不足百家，绝大部分企业规模较小，企业自主技术创新能力弱，对农户增收的带动力弱，同时也不能起到展示和提升四川省农产品加工业整体形象和竞争力的作用。

四川省农产品资源加工率低于中国平均水平，与先进企业存在较大差距。发达国家农产品加工率达85%以上，中国为45%~50%，四川省为30%。发达国家工艺处理技术先进，大多采用大企业或连锁等集团化生产，深加工模式、设备流水线和产品质量标准都相同。据专家测算，价值1元的初级农产品，经加工处理后，在美国可增值3.72元，日本为2.2元，中国只有0.38元，四川省更是低于全国水平。

3.1.2.3 农业科技创新成果转化缓慢

农业科技创新对于农业现代化、产业化建设十分重要，高科技在世界农业领域得到广泛应用。农业发展缺乏科技创新的基础。我国农业科研经费投入长期不足，农业科研经费投入在全国农业生产总值中的比重一直未超过0.5%，大大低于发达国家的水平，也低于联合国粮农组织提倡的发展中国家至少应为

1%的水平。农业产业化企业科技人才少，技术创新能力较弱，大多以粗放型经营为主，农业科技成果转化率不高。作为农业产业化发展推进的主体，广大农民文化水平偏低，接受新事物能力差，劳动力整体素质不高。各方面的现实因素决定了我国农业发展技术水平不高，农产品科技含量较低。

对农业生产而言，农业科技创新成果只是一种潜在的生产力，加快转化为现实生产力才是促进农业经济发展的关键。从四川省的情况看，突出的矛盾是农业科研与技术推广脱节，科技创新成果转化效率较低。农业科研院校的科研项目与企业、农户的经济社会条件缺乏一致性，针对性不强，农业研发部门在盯紧市场、瞄准需求方面做得不够，科技成果供需严重脱节，科技成果成熟度较低，大面积推广应用的突破性品种少以及关键共性技术研究少等现象同时存在。

3.2 四川省农业信息技术相关状况

农业信息技术是指利用信息技术对农业生产、经营管理、战略决策过程中的自然、经济和社会信息进行采集、存储、传递、处理和分析，为农业研究者、生产者、经营者和管理者提供资料查询、技术咨询、辅助决策和自动调控等多项服务的技术的总称。农业信息化实质上就是通过现代科学技术对农业生产的组织与经济结构进行升级改造，它表现为一个动态的过程。农业信息化可以划分为三个方面：一是包括家庭生活、管理与服务的信息化在内的农村社会生活的信息化，二是包括农村科研与经营在内的管理上的信息化，三是包括生产工具、要素与生产过程在内的生产上的信息化。

农业信息技术是改变传统农业的重要手段，对提高农业资源的利用率、农业生产经营管理水平等都起着重要作用，它在解决当前农业发展中的突出问题、建立现代化农业、提高农业生产经营效率等方面具有重要意义。21世纪时期农业信息技术在发达国家现代农业中已广泛运用，虽然我国也在积极推进农业信息技术建设，并取得一定的成绩，但还不能满足农业生产的实际需要。

3.2.1 四川省农业信息技术现状

近年来，强化农业信息服务、推动农业产业化建设是四川省在农业建设方面的重中之重，是实现四川省农业实现跨越式发展的重要举措。四川省政府把农业信息服务体系建设列为省政府工程规划中的一号工程。四川省农业信息在近年取得显著发展，四川省农业信息化建设正朝着网络化、多元化、社会化的方向发展。例如，农村通信网络基础设施建设方面，以中国电信和中国移动为代表的通信企业所推动的商业信息服务和四川省政府主导的、依靠财政保障支持的公益性信息服务相互配合，共同推动农村地区进行农业信息化建设。"村村通电话工程"于2004年开始启动，"村村能上网"工程也于2007年顺利开展，由四川移动、四川联通和四川电信三家公司联合实施。经过多年努力，四川省的通信基础设施建设有了明显的改善。截至2014年年底，四川省各行政村的通信网络基础设施覆盖率较之前大幅提高。以网络覆盖率为例，目前中国电信网络在60%的乡镇都实现了覆盖，县城以上全部覆盖了网络，这在我国西部省份中处于领先地位。四川省农村宽带和电话用户的总数已经突破1 264万户。

3.2.2 农业信息技术面临的问题

四川省农业信息基础设施的大力建设大大推动了农业信息

的发展，但是四川省作为一个农业大省，农业信息的建设还远远不能满足农业的发展，不能为农业产业化的发展加力助跑。四川省农业信息建设还面临着许多问题，农业信息建设的任务仍然艰巨。

3.2.2.1 信息基础设施薄弱

首先是农村居民居住较为分散、农村建设资金投入不到位等方面的原因，导致目前农村信息化建设还停留在起步阶段，农民的信息来源基本上还停留在电视、广播等途径，对于网络的认知程度还很低。即使是受教育程度相对高些的农村青年，对于网络的使用程度也仅限于娱乐，网络信息对于农业技术的影响力度远远低于其他领域，甚至许多地区的计算机网络技术还没有起步；其次是农村教育程度普遍较低，尤其是科技文化水平限制了信息技术的应用；最后是网络成本较高，降低了农民使用的积极性。这些原因导致最新的农业信息技术在农村地区推广面临较大的困难，不被农民接受和了解。以宽带网络为例，目前四川省城市宽带网络覆盖率达到100%，但是在广大农村地区宽带网络覆盖率仅为56%，并且由于上述一系列问题，农村家庭实现宽带入户的不足10%。信息传播的限制导致许多有产业化价值的信息没有及时得到交流和利用。一方面，农村地区有丰富的资源有待于整合开发并进行发布；另一方面，农户们急需的市场供求、科技致富、农产品价格信息获取困难，信息发布渠道利用低下和不畅通严重影响了信息发布的效果，造成了信息资源的极大浪费。

3.2.2.2 信息专业技术型人才匮乏

农业信息技术的普及需要广大基层农民大力配合，其中专业技术型人才成为极为短缺的资源。从事农业信息技术类行业，需要从业人员既熟悉农业经济运行规律，又要有相应的网络技术作为技术支持。因此，只能在基层群众中培养信息化从业人员。目前农村基层网络管理与维护人员均为兼职，从而制约了农业信息化技术的发展。四川省农业信息工作部门缺乏专职的信息服务人员，主要是管理干部或农业系统内部工作人员兼职，农业信息服务部门的队伍建设不稳定，工作人员的流动性较强。四川省范围内，既懂信息又懂农业的综合性信息服务人才比较缺乏，突出表现在农业信息服务人员的整体素质不高、信息服务人才的总量较少，高层次的信息人才十分缺乏。同时，农业信息服务人才还存在着不均衡分布的问题。这个问题越是在基层就越突出，越是贫困落后急需信息化建设的地区就越是没有专业人员提供服务。因而无法满足农户对信息服务的需要，无法有效适应农业信息化建设的发展。截至2014年年底，四川省通过考核并经过有关部门认证的农业信息员仅有2 221位，位列全国第21名，四川省每12万农民才拥有1名农业信息员。

3.3　四川省精准扶贫现状

四川省是全国脱贫攻坚任务最繁重的省份之一，贫困人口众多，且集中分布在生存条件恶劣、生态环境脆弱、基础设施薄弱、公共服务滞后的连片特困地区，扶贫开发任务非常艰巨。2015年年末，四川省共有贫困村11 501个，贫困人口380.3万人，依靠产业发展脱贫致富的人口达173.73万人。其中，四大片区贫困人口263.3万人，贫困片外地区还有"插花式"贫困人口117万人。

3.3.1　生产能力稳步提高

"十二五"期间，通过产业扶贫项目带动，扶贫产业逐渐向规模化发展，形成了一大批有带动能力、有发展前景、有科技支撑、有示范带动作用的地方特色扶贫产业,脱贫致富成效显著。2015年四川省粮食总产量3 442.8万吨,粮食产量增长6.8%,实现"九连增";茶叶产量增长46.6%,蔬菜产量增长25.8%;生猪产量位居全国第一,肉、蛋、奶产量分别增长17.0%、17.8%、8.0%,水产品产量增长31.9%。2015年秦巴山区、乌蒙山区、大小凉山彝区和高原藏区88个贫困县粮食总产量达到1 373.86万吨,蔬菜产量1 467.79万吨,水果产量254.49万吨,实现稳中有升。出栏生猪2 959.49万头、出栏肉牛196.54万头、出栏肉羊715.35万只、出栏家禽19.34亿羽。

3.3.2 休闲农业不断发展

四川省休闲农业持续快速发展,国家部委已认定休闲农业与乡村旅游示范县13个、示范点24个,星级农家乐和乡村酒店3 653家,乡村旅游经营户10万余家,通过发展休闲农业带动农民致富的行政村已超过5 000个,带动1 000余万农民直接或间接受益。休闲业态形式不断创新,在农旅融合上,呈现出观光农业、体验农业等形态;在文旅融合上,呈现出创意农业、乡村艺术等新的形态。2015年,全省农民从休闲农业发展中人均纯收入786.2元,比全省农民人均纯收入平均增速(9.6%)快2个百分点;其中,从事休闲农业农民的人均纯收入为13 500.3元,比上年同期增加1 424.9元。休闲农业已成为产业扶贫、精准脱贫的重要方式。

3.3.3 加工流通快速发展

"十二五"期间,围绕地方特色产业,在净化分级、干燥预冷、储藏保鲜、包装等环节,贫困地区农产品产地初加工快速发展。全省1 388个专合社、22.5万农户参与农产品初加工,年储藏保鲜烘干能力已达290万吨。通过冷藏保鲜、错季销售,水果亩（1亩约等于666.67平方米，下同）平增值50%左右、蔬菜亩平增值60%左右、薯类增值1倍左右、中药材增值2倍左右。以"互联网+三农"为主要特征的农村电子商务，虽较其他业态起步虽晚，但势头迅猛，正在改写贫困地区商品流通模式和农民生产生活方式。2015年，全省农副产品通过网络销售260万吨，销售额超过126.2亿元。仁寿、资中、安岳等地探索形成了"电商集聚园区""物流+万村千乡示范项目""电子商务团队服务"等模式。

3.3.4 产业组织蓬勃发展

"十二五"期间，贫困地区产业组织化水平蓬勃发展，在种、养、加、销各个环节培育和壮大了一批扶贫龙头。新型农业经营主体产业带动力彰显，市场竞争力增强。产业组织模式的发展壮大极大地推动了扶贫产业不断向多种经营拓展。2015年，全省龙头企业8 703家，其中县级以上重点龙头企业6 433家，规模以上4 934家，销售收入过亿元的为772家。经工商登记的农民合作社5.8万个，培育省级示范社1 314个、国家级示范社462个，家庭农场2.3万家。

3.4 四川省贫困特征

四川省的贫困问题一直是国家扶贫开发工作的重点和难点。改革开放以后，经过长期的救济、扶持和开发，四川省的贫困状况得到了大幅改观。随着我国经济发展进入新常态阶段，经济社会环境发生了较大变化。新时期四川省的贫困问题呈现出以下特征：

3.4.1 主要集中在连片特困地区

截至 2015 年年底,四川省贫困县 88 个,四川省农村贫困人口 380.29 万人,占全国贫困人口总数的 6.8%,贫困发生率(贫困人口占农村人口的比例)为 5.88%;贫困地区约覆盖四川省国土面积的 76%。其中,连片特困地区(主要包括乌蒙山区、秦巴山区、大小凉山彝区和高原藏区四大片区)呈整体性贫困,片区内复杂的地形地貌及多民族融合等特征,形成了贫困的独特性。这些地区由于自然资源、环境基础支撑能力相对薄弱,产业结构单一、经济发展缓慢、农户思想落后,造成自我发展能力不足、贫困面较宽、贫困程度较深。

3.4.2 自然条件恶劣

四川省 80%以上贫困县分布在山区、丘陵和高原地区,自然环境非常恶劣,人居条件非常落后,自身发展和保障能力极为低下,且 80%生活在"一方水土已养不好、养不活一方人"的高半山和高山地区。这些地区由于地理位置偏僻、耕地资源短缺、土地利用率低、生态环境恶化等自然因素,贫困程度较深,生产生活条件基本没有改善,也难以就地得到改善,就地脱贫更加困难,是四川省目前扶贫攻坚的重点和难点区域。

3.4.3 产业发展相对滞后

贫困地区的马铃薯、干果、茶叶、食用菌、水果、蔬菜、水产养殖、生猪、肉牛、肉羊优势特色产业发展已具有相当规模。但仍存在以下问题:产业发展比较粗放,产业增长动力主要依靠土地资源、农资消耗、自然生产和劳动投入,产业基地小型分散,专业化、产业化程度低,科技支撑体系不健全,科技含量不足,跨市州、跨区县建立较大规模的产业基地还不完善；生产营销体系不健全，生产、加工、储运、销售、服务各个环节联系不紧，商品转化率低，初加工多，深加工少，产业链条短，产品附加值不高；品牌意识不强，品牌多而杂，知名度低，缺乏产业核心品牌；市场观念不强，重产业轻产品、重加工轻市场的现象仍然存在，区域自主品牌的市场份额较低；休闲农业还停留在初级发展阶段，档次低、不规范、效益差，贫困地区优越的生态资源、人文资源、乡村旅游资源没有得到有效开发和综合利用。

产业发展是贫困地区和贫困人口脱贫致富的关键。虽然各地区有所差异，但四川省贫困地区总体产业结构中传统农业和资源开发产业所占比重较高。然而，传统农业农产品品种结构传统、品质不均、附加值极低、农户抗风险能力差，往往会因天气或市场产生致贫返贫的现象。资源型产业的发展虽然在一定程度上解决了贫困地区部分劳动力的就业问题，但也给贫困地区带来了沉重的生态和社会成本，地方人民也没有真正享受到资源开发带来的收益。

3.4.4　生产要素支撑依然薄弱

贫困山区大多位于偏远高寒山区，由于生态条件脆弱，资源承载力弱，土地产出率低，农业灌溉条件差，农业综合生产能力不高等先天不足的劣势，扶贫产业靠天吃饭的局面没有得到改观。与此同时，大量科技资源投入到生产条件较好地区，科技资源、科技成果向贫困地区扩散和引导的力度缺乏，尚未能建立有效的科技资源配置的激励机制，贫困地区科技转化与示范带动滞后。不仅如此，长期以来扶贫产业综合产出率偏低，各级政府对扶贫产业发展投入不足，扶贫产业主体收益较低，缺乏对工商资本和农户等生产投入主体的吸引力，贫困地区金融失血严重，进一步增强了扶贫产业脆弱性，阻碍了扶贫产业健康快速发展。

由于贫困地区劳动力收入水平较低、公共事业发展滞后，青壮年劳动力选择外出务工，贫困地区农村人力资源水平不断下降，老人成为地区劳动力的主要构成者。随着人口老龄化，部分老人失去劳动能力而新成长起来的劳动力不愿从事农业生产，农村劳动力素质将进一步下滑，贫困地区人力资本匮乏问题也将更加严重。

3.4.5 自我积累少，投入缺口大

由于各地经济发展水平低，特别是县域经济比较薄弱、发展积累少，加之过去产业发展基础差、起点低，在产业发展的各个环节、各个方面都需要大量的资金投入。虽然全省财政专项扶贫资金不断增长，对加快产业扶贫发展起到了重要作用，但是需要投入的面广量大，投入分散，"撒胡椒面"现象在所难免，财政扶贫资金只能做"药引子"，成效不理想。农民自身投入不足，项目区是特殊困难连片地区的农民收入水平低，只能保障基本生活需要，产业发展再投入严重不足。企业投入不足，项目区地处边远，对龙头企业吸引力差，很少有大型农副产品生产加工企业涉足该区域。

3.4.6 产业扶贫方式有待优化

偏远地区被边缘化，产业发展以行政区划为单位，产业布局和基地建设各自为政，形成产业点状分布，加之在产业发展中的"三边"（城市周边、公路两边、旅游点周边）现象突出，贫困人口较多、产业发展落后、贫困程度较深的偏远乡村产业发展项目覆盖极少。差异化扶持措施力度不够，产业扶持政策一刀切，产业发展注重面上普惠，对贫困村、贫困对象没有实行差别化政策扶持，许多贫困村、贫困对象因自身发展能力受

限而失去产业扶持机会。产业扶贫利益联结不紧密,一方面农民在产业发展中组织化程度低,专业合作组织不健全,在与企业利益联结中处于弱势;另一方面企业在贫困地区的投入风险较大,企业不愿实行保底收购、二次返利等能确保农户增收的措施。

3.4.7 剩余贫困人口脱贫更加困难

随着扶贫事业的推进和经济的发展,贫困程度相对较轻、发展基础相对较好的地区和人口已经陆续实现脱贫致富,剩余的贫困人口则是贫困程度最深、致贫原因最复杂的群体,这些群体的贫困呈现出以下主要特点:一是贫困人口"插花式"分布更加突出。长期以来我国贫困对象的瞄准机制和扶贫工作推进机制是按区域实施的,但近年来,随着经济发展和扶贫开发的推进,片区内贫困人口逐渐脱贫致富,剩余人口"插花式"分散分布特征明显。现行扶贫瞄准机制造成对象偏离,影响扶贫的精准度和实质性效益。二是贫困人口因病致贫返贫问题突出。疾病和医疗问题是直接关系到居民生命和健康的首要问题。许多贫困家庭致贫的主要原因是主要劳动力患病从而降低或丧失劳动能力。

3.5 四川省精准扶贫工作的机遇

3.5.1 政府高度重视,为产业扶贫营造良好组织保障

近年来,在党中央、国务院和各级党委、政府的大力扶持及社会各界的帮助下,全省涉农部门不断加大探索力度,不断创新工作机制,不断拓展扶贫领域,不断开辟扶贫路径,不断

加大资源整合,积极推动并形成了新型扶贫开发机制。产业扶贫组织保障体系的进一步完善,对于推动全省贫困地区加大产业扶贫投入,优化扶贫产业布局,壮大扶贫产业组织,创新产业扶贫发展机制,具有重要的推动作用。

3.5.1 重大战略实施,为产业扶贫创造良好宏观环境

"十三五"时期是四川省全面实施"三大发展战略"、推进"两个跨越"的关键时期,也是深化改革、统筹城乡发展、加快转变经济发展方式的攻坚时期。与此同时,随着新一轮西部大开发、"一带一路"重大倡议和长江经济带建设国家战略的深入实施,产业布局向西部倾斜,全省经济将呈现快速发展,产业扶贫的扶持规模逐步扩大。贫困地区的人均资源对比矛盾得到有效缓解,人力、物力、资本等现代新型生产要素将加快实现城乡流动和优化配置。财政支持、税费优惠、金融保险等特殊政策向贫困地区倾斜,促使资金、项目、科技、人才等要素不断向贫困地区聚集,为产业扶贫发展创造良好发展环境。

3.5.2 两化发展加快,拓宽地方特色产业的市场容量

四川省作为人口大省和农业大省,"十二五"期间,全省新型城镇化进程加快,农村富余劳动力加快转移,城镇化率从40.2%提高到47.7%,正处于城镇化和工业化"双加速"阶段。两化发展加快推进有利于农产品消费人群的发展与壮大,有利于农村新型特色服务业的蓬勃发展,大大拓宽了地方特色产业的市场容量。这些对于提高特色农产品的商品率,促进贫困地区农户收入水平提高,具有重要意义。同时,随着人们生活水平逐步提高,消费者对产品的质量要求也相应提高,安全、放心、休闲成为当前大众消费的新趋势。贫困地区大多是远离工业化的偏远山区,环境污染较小,自然环境优良,是生产优质

安全农产品的重要产地,进一步拓宽了贫困地区产业发展的市场空间。

3.5.3 基础设施改善,特色产业生产能力将显著完善

随着中央片区扶贫开发方针的深化和内陆开放型经济体系建设和长江上游经济中心的加速实现,以及全省农业现代化加快推进,贫困地区交通、水利等生产基础设施逐步完善,农业产业生产条件全面改善。这对于现代生产要素向贫困地区加速转移,增强贫困地区扶贫产业抗风险能力,加快形成特色优势产业基地和外界目标市场间的耦合与对接起到重要作用。

3.6 贫困地区产业布局现状

依托资源禀赋基础推进扶贫产业布局,全省贫困地区特色优势产业发展格局加快形成。贫困地区产业发展快速融入区域优势农产品产业体系,产业区域布局更趋合理,种植业形成了以汶川县、理县、茂县为重点的高山蔬菜区和岷江河谷优质甜樱桃产业带,以南溪、江安、威远、资中、合江、荣县等重点的川南"春提前,秋延后"蔬菜产业带,以高县、筠连县、屏山县、叙永县、古蔺县为重点的乌蒙山区早茶产业带,以万源市、南江县、北川县、青川县、平武县、旺苍县为重点秦巴山区优质富硒茶产业带,以昭觉县、布拖县、越西县、喜德县等为重点的大小凉山彝区优质马铃薯生产带,以红原县、阿坝县、马尔康县、壤塘县等为重点的反季节食用菌产业带。畜牧业上形成了藏区牦牛、羊产业带、大小凉山彝区牛羊特色家禽产业带、秦巴山区和乌蒙山区生猪家禽肉牛肉羊产业带。

3.6.1 秦巴山区

秦巴山区重点发展生态、绿色、有机、富硒等特色农产品生产和精深加工业。稳定粮食生产，做大做优马铃薯产业，提升发展蔬菜、水果、茶叶、食用菌、道地药材等地方优势产业；加强富硒农产品生产和推广，积极培育特色山珍、特色干果、木本药材、地方水产等特色产业；加快推进肉牛杂交改良、肉羊良种推广，积极鼓励林下特色养殖。

3.6.2 乌蒙山区

乌蒙山区深入调整农业产业结构，突出"绿色、优质、错季"特点，重点发展优质蔬菜、优质马铃薯、优质烟叶、优质蚕桑、热带水果，稳定发展畜禽养殖，积极发展特色干果、药材、林下种植养殖，加快建成全国重要的热带高效农产品生产基地。

3.6.3 大小凉山彝区

大小凉山彝区做大做优马铃薯产业，扩大荞麦、水果、蔬菜、茶叶、中药材等特色效益农业生产。转变畜牧业生产方式，完善良种繁育体系，推动半细毛羊、黑山羊等草食家畜适度规模养殖；大力发展特色食用菌、有机茶和水果种植。

3.6.4 高原藏区

高原藏区重点发展高原生态特色农牧业。在确保生态安全的基础上，稳步发展特色青稞，积极发展高山蔬菜、特色水果、食用菌、道地药材，加快发展牦牛、藏羊、藏猪、藏香鸡等高原特色畜禽，稳步发展草食畜牧业，积极发展休闲农业和乡村旅游。

3.6.5 片区外贫困地区

片区外贫困地区积极推动粮食品种改良,稳定发展优质高产粮油、蔬菜,扩大蚕桑、茶叶、水果、食用菌等经济作物种植规模,发展道地药材规范化种植;加快发展生猪等畜禽规模化养殖和池塘健康养殖等水产养殖业。片区外贫困地区按照良种化、规模化、标准化、品牌化要求,加快发展设施农业,提高农业机械化水平,打造一批农产品高产高效安全基地和农产品初加工园区。

3.7 四川省精准扶贫工作

至 2016 年年底,四川省在实践工作中,实现精准减贫 107.8 万人,完成率达 102.7%,脱贫幅度 28.4%,全部达到国家"两不愁、三保障"及四川省"1 超 6 有"的脱贫标准。四川省实现精准退出贫困村 2 437 个,完成率 103.7%,全部达到国家及四川省"1 低 5 有"的退出标准。5 个贫困县贫困发生率均下降至 3%以下,全部达到国家及四川省"1 低 3 有"的摘帽标准。2016 年脱贫攻坚在广度、深度和精度上都达到了新的水平。

3.7.1 精准识别贫困人口

攻克精准识别、平台构建这个堡垒,扶贫对象更加精准。一是建好人口数据库。四川省共发动 13 万人,进村入户开展了拉网式摸排核查,锁定 2015 年年底四川省建档立卡贫困人口 122.3 万户、380 万人,并对"五个一批"贫困人口进行了精准归类核定。二是建成"档案库"。在抓好"6 有"平台功能完善的同时，政府研发并建成扶贫资金监管平台。全年成功组织开展了1次贫困信息大录入、1次数据大清洗，每次参与人数都达10万余人，建成四川省扶贫"云平台"。政府实行动态管理、"痕迹管理"和贫困退出达标行业认定机制，做到识贫、扶贫与脱贫工作有记录、可追溯，扶贫对象实现从"基本精准"到"比较精准"。

3.7.2 健全指挥体系

攻克党政主导、部门发动这个堡垒，指挥体系更加健全。一是"一把手"靠前指挥。省委书记和省长以身作则、高位推动，各级党政纷纷将主要精力放到脱贫攻坚上，"一把手"既挂帅又出征，亲力亲为谋篇布阵，以上率下示范带动，"党政一把手负总责，五级书记一起抓"的攻坚格局全面形成。二是"一盘棋"组织推进。建立省级领导联系基层工作制度，40名省领导和48个省直部门分别牵头联系1个贫困县、1个贫困村，包村包户精准扶贫；各行业部门普遍建立专职领导、专职处室、专职团队和1名脱产扶贫人员的"三专一脱"扶贫机构，分线联动推进；人大、政协、军队、高校、民主党派、工商联等各方面积极参与。四川省纵向到底、横向到边、上下一体、协同联动的脱贫攻坚作战指挥体系全面建立。

3.7.3 落实任务和责任

攻克压力传导、军令落地这个堡垒，脱贫责任更加实化。一是全面签订"责任状"。严格执行"省负总责、市县抓落实""工作到村、扶贫到户"的领导体制和工作机制，从省到乡组建了党政主要负责同志任双组长的领导小组，从省到村层层立下军令状，实行挂图作战、按图施工，扶贫责任细化到部门，落实到人头。二是全面落实"督战令"。省委、省政府频频发出督查通知，党员干部每次都坚决受命、全程参与，当先锋、打头阵。先后组织开展了3轮脱贫攻坚大调研大督导、2轮大检查大评估，省市县三级联动，实现对5个首批摘帽县、160个县、11 501个贫困村督查评估全覆盖。对于发现的问题，政府及时向市、县和行业部门"发点球"限期整改，持续传导了压力，推动了任务落实。

3.7.4 构建政策体系

攻克政策制定、资金整合这个堡垒，要素保障更加有力。构建起配套制定的扶贫政策体系。围绕"3+10"组合拳，四川省制定出台了"十三五"脱贫攻坚规划、17个专项年度工作计划等一系列政策文件，优化完善了财政税收、金融支持、国土资源等13类扶贫专项政策。各地相继出台完成了"1+N"或"N+N"的脱贫攻坚系列文件，建立了"制度设计完备"与"政策举措精准"相统一的政策体系，解决了许多以前想办但办不成的事，构建起投向精准的资金整合机制。制订"十三五"扶贫资金平衡总方案，明确财政总投入2 283亿元。实施扶贫"千亿计划"，投入各类资金1 181亿元，其中财政资金657亿元，省财政专项扶贫资金71.62亿元。启动70个贫困县财政涉农资金整合试点，整合资金达154.11亿元。创建教育和卫生扶贫救助、贫困村产业扶持、扶贫小额信贷分险"四项基金"，总规模达64.6亿元。

3.7.5 解决人才问题

攻克配强队伍、建好机构这个堡垒，解决人才问题。配强领导力量，明确各级副书记协助书记分管脱贫攻坚，为88个贫困县另增派1名挂职扶贫副书记。逐一分析评估贫困县党政主要领导，共调整65名贫困县党政正职，17名贫困县县委书记晋升为副厅,"不脱贫、不摘帽、不换人"。选派178名省直机关干部到"四大片区"担任市(州)部门副职或贫困县党政副职。配强扶贫机构,省市两级扶贫移民局长兼任同级政府副秘书长,县级扶贫移民局长任同级政府党组成员;省市县三级扶贫移民部门新增编制1 060名。省局机关增设督查考核处,新增行政编制3个、事业编制4个。配强基层干部,优选了3 298个辖有贫困村的乡镇党委书记;精准选派驻村干部4.3万名、1.4万个单位帮扶,实现11 501个贫困村"五个一"全覆盖。实行"召回"和激励制度,累计召回或调整"第一书记"2 975名,提拔1 234名,精准帮扶作用突出显现。

3.7.6 调动社会积极性

攻克社会动员、携手奔小康这个堡垒,扶贫热情更加迸发。积极构建大扶贫新格局,全年四川省社会扶贫募集各类资金159.7亿元,实施项目9 200多个。一是定点扶贫深入推进。23个中央国家机关、四川省1.6万个定点扶贫部门(单位)全年投资、引资131.06亿元,实施项目8 625个,实现劳务就业20.3万人。二是东西部扶贫协作力度加大。启动"携手奔小康"行动,全年东部省市无偿援助财政资金4.95亿元,人才支持4 949人次。四川省启动了省内7市、35县对口帮扶藏区彝区45个贫困县工作,到位帮扶资金7.4亿元,派驻挂职干部1 449人。三是社会合力持续集结。精心开展第3个扶贫日四川系列活动,评选表彰了四川省"十大扶贫爱心组织""十大扶贫好人"。组织开展"万企帮万村·光彩凉山行"活动,签约投资达39.1亿元。三峡集团捐赠16亿元支持凉山等地脱贫攻坚。世界银行六期扶贫项目深化实施。"东亚减贫示范合作技术援助项目(柬埔寨部分)"前期启动。同时,政府广泛开展扶贫志愿者行动,参与"四好村"创建和"感恩奋进"主题教育,推出了王家元、蒋乙嘉等扶贫先进典型，营造了浓厚氛围。

3.7.7 加强监督

攻克立规严管、真考实评这个堡垒，脱贫质效更加提升。一是健全制度体系。立足树立"指挥棒"，全年出台脱贫攻坚工作年度"考核办法"、贫困退出"实施方案"等多个文件，构建起脱贫攻坚事前、事中、事后全程规范的制度体系。二是强化扶贫监管。立足管好"救命钱"，启动开展了脱贫攻坚领域违纪违规问题专项查处行动，加强预防和集中整治扶贫领域职务犯罪专项行动以及"扶贫条例"执法检查。创新开展了扶贫资金审计和项目专项检查工作，确保了扶贫资金安全、项目效益。三是严格验收考评。立足用好"质检仪"，组织省市县三级5万余名干部、7 000多个工作组（其中抽派省直部门3 000余名骨干，700余名第三方评估专家），逐村逐户、真刀真枪开展了验收考评。地方政府还以诚恳的态度、优质的服务，配合完成了国家交叉考核和第三方评估，保证了脱贫质量。

3.8 四川省农业产业扶贫阶段性成果

在精准扶贫政策指引下，四川省以规划为引领、以产业为重点、以科技为支撑、以投入为保障，聚焦脱贫任务，大力推进贫困地区农业特色产业发展，农业产业扶贫工作取得了阶段性成效。

3.8.1 开发资源优势，发展特色优势产业

2016年，四川省贫困地区新建和改造提升农业产业基地580万亩，占年度目标任务165.7%；水产养殖面积已达117.2

万亩，占年度目标任务100.2%。特色种养业已成为贫困地区发展的基础性产业，农业产业已成为贫困户增收的主要渠道。

3.8.2 推进规模经营，培育新型经营主体

2016年，四川省贫困地区新培育新型经营主体2.52万个。其中，农民合作社0.48万个，家庭农场0.51万个，种养大户1.53万户。四川省通过采用股份合作、保底分红、二次返利等多种方式，不断完善利益联结机制，增强新型经营主体带动能力，让贫困群众分享更多产业发展红利；积极引导农村土地有序流转，加快构建集约化、专业化、组织化、社会化相结合的现代农业经营体系。

3.8.3 开展品牌建设，推进农业电商扶贫

2016年，四川省贫困地区有效期内的"三品一标"农产品达3 865个。其中，无公害农产品2 978个，绿色食品和有机农产品750个，地理标志产品137个。农业电子商务加快发展，提高了特色农产品的品牌知名度和美誉度。四川省积极依托各类展示展销平台，加大贫困地区品牌宣传力度，在中国农产品交易会上为四川省贫困地区特色农产品免费开设展区，现场交易额达220万元，签订意向协议金额约4 000万元。得荣县拉吉冲农特产品农民专业合作社生产的树椒被评为金奖产品。

3.8.4 加大工作力度，对口帮扶

政府积极落实蓬安县对口帮扶牵头部门责任，厅级领导赴蓬安指导工作14次。安排涉农项目资金5 600余万元，协调争取其他部门资金490多万元，指导蓬安县集中力量顺利脱贫摘帽，今年拟退出的51个村，减贫的1.73万人已全面达标，每个乡镇均有达标卫生院、标准中心校和便民服务中心，为四川省

脱贫攻坚树立典范。

3.8.5　科学编制规划，引领产业发展

四川省编制了《四川省"十三五"产业（农业）精准扶贫规划》等规划，对四川省贫困地区农业产业进行了优化布局。四川省制发了《村域农业产业发展规划编制参考》，指导四川省88个贫困县和11 501个贫困村全面完成了产业扶贫规划，为四川省贫困地区产业"差异化""错位"发展奠定了良好基础。四川省研究制订了《四川省农业产业扶贫2016年工作计划》《农业产业扶贫工作2016年工作计划实施方案》《四川省确保困难群众"不愁吃、不愁穿"2016年实施方案》等文件20余个，进一步明确了工作目标，细化了工作任务。

3.8.6　强化精准施策，提供政策支撑

政府深入贯彻落实中央、省委关于脱贫攻坚的决策部署，起草了《关于进一步推进农业产业扶贫工作的指导意见（送审稿）》，指导各地扎实推进农业产业扶贫工作，充分发挥农业产业扶贫的基础性作用，构建贫困群众脱贫致富奔小康的农业产业支撑体系。政府还出台了《项目资金整合助推农业精准脱贫行动方案》《强化农业科技支撑助推精准脱贫行动方案》《培育壮大新型农业经营主体助推精准脱贫行动方案》《培育新型农民助推精准脱贫行动方案》《关于深入推进农村改革助推产业扶贫农民增收的指导意见》等一系列文件，为四川省贫困地区产业发展提供强有力支撑。

3.8.7　大力培育特色优势产业，拓宽群众增收渠道

四川省以粮食生产能力提升工程、民族地区增粮增收示范工程、现代农业千亿示范工程等重点项目为抓手，着力推进贫

困地区农业供给侧结构性改革步伐，加快调整优化产业结构，建立了一批特色农业产业基地；积极推进三次产业融合，大力促进农业与生态、文化、旅游等元素有机结合，农产品初加工和精深加工、休闲农业与乡村旅游等加快发展，不断提高农业综合效益；加强品牌培育和市场开拓，大力支持贫困地区区域农业公用品牌建设，重点扶持"大凉山""川藏高原""圣洁甘孜""大巴山"等农业区域品牌建设；积极开展产品推介，发展电子商务，拓展农产品的销售渠道。

3.8.8 培育新型经营主体，增强产业发展活力

四川省制订了《培育壮大新型农业经营主体助推精准脱贫行动方案》，大力培育新型经营主体，推动贫困地区农业产业化经营，重点支持贫困地区家庭农场和农民合作社发展，每年省级财政安排的新型经营主体扶持资金用于扶持贫困地区的原则为不低于扶持总额的60%；不断完善利益联结，支持新型经营主体带动贫困农户发展现代农业，推广"龙头企业+合作社+农户+基地"、借羊还羊、托养寄养等发展模式，推进贫困地区农业产业化经营，提高农产品附加值，让贫困农户共享发展成果。

3.8.9 加强科技推广，强化产业技术支撑

四川省深入开展万名农业科技人员进万村活动，开展技术扶贫行动，实现"一村一名"农技员全覆盖；依托农技员体系，培训贫困群众333.71万人次，实现贫困村农技培训全覆盖；联合财政厅印发了《关于做好建档立卡贫困村驻村农技员生活工作保障的通知》，保障了农技员的工作经费与生活待遇，确保农技员下得去、待得住、干得好；强化"农科教、产学研"结合，重点推广了50个农业主导品种，30项示范主推技术，主要农作

物良种覆盖率达到85%以上，农业适用技术推广率达到85%以上；建立健全农技信息化服务平台，通过国家农技推广云平台、E农通、农技宝等方式，为基层农技人员、贫困村、贫困户开展远程技术支持。

四川省组建农技专家服务团，统筹整合技术力量；针对驻村农技人员专业不完全对口，贫困村产业技术服务不完全到位，民族地区和边远山区技术力量薄弱的问题，统筹整合技术力量；根据产业发展实际需求，充分发挥科研院所技术优势，跨区域组建农技专家服务团1 875个，9 095名农技专家深入贫困地区生产一线巡回开展技术指导；为贫困村提供"基层点菜、专家上门"的菜单式服务，培训基层干部及农民4.8万人次，有效破解部分农技员专业与贫困村产业发展不对口等问题。

3.9 四川省精准扶贫工作中的问题

在精准扶贫的具体工作中，也出现了一些问题。一是扶贫不够精准。有的农户以分户为名，逃避赡养责任，让党委政府"代行孝"。有的地方简单把老政策贴上精准标签，却没有针对性的帮扶措施。有的地方发展扶贫产业与市场脱节，同质化较为明显。二是重点不突出。目标上，政府需要重点保障好贫困群众义务教育、基本医疗和住房安全。区域上，政府除对"四大片区"持续扶持外，还需着力解决片区外小区域贫困和点状贫困问题。群体上，政府需要重点扶持残疾人、孤寡老人、长期患病者等"无业可扶、无力脱贫"的贫困人口以及部分受教育程度低、缺乏技能的少数民族贫困群众。政府需要深入推进产业发展、就业增收的脱贫根本措施。三是激发内生动力不足。

有的地方大包大揽,脱贫攻坚变成政府的"独角戏"。有的贫困群众"等着扶、躺着要",依赖政策不愿脱贫。也有部分干部脱贫攻坚动力不足,干劲不大。四是存在形式主义。有的地方单纯算收入,存在搞数字入贫、数字脱贫的个别现象。有的地方主要精力没有放到脱贫的实际工作和项目实施上。

4 四川省农业科技投入与农业经济增长相关性研究

在精准扶贫的大背景下，政府带领群众脱贫致富，需要提高农业科技水平。为了明确科技投入对农业经济增长的关系，本章选取科学研究与实验发展（R&D）经费支出、科技从业人员、科技成果及应用水平（项）三个指标，利用灰色关联法计算四川省（2001—2015年）农业科技投入与农业经济增长的关联度。通过计算得出科技成果及其应用水平情况是农业经济增长的重要推动力，而科技从业人员数量和R&D经费支出与农业经济增长的相关性略低。

4.1 我国农业科技投入较低

自2013年习主席提出精准扶贫以来，农业产业扶贫一直是工作重点。农业产业是贫困人口脱贫的基本依托。党中央、国务院把农业产业脱贫作为实施精准扶贫、精准脱贫的一项重要任务，通过产业扶贫工程，实现3 000万贫困人口脱贫。

长久以来，我国农业科技投入较低，"七五"期间，农业科技进步贡献率只有28%，之后逐步增加，到最近的两个五年计划分别为53.5%和55%①,科技进步对农业的增长作用越来越明显。四川省作为农业大省,也是扶贫重点省。四川省2016年分别制订了《四川省农业产业扶贫2016年工作计划》和《农业产业扶贫工作2016年工作计划实施方案》,以保障产业精准扶贫工作的顺利实施。到2020年,四川省初步形成"跨乡联县"特色支柱产业体系,产业现代化水平进一步提高,贫困地区产业助农增收人均增幅明显高于四川省平均水平,实现贫困县农民人均纯收入比2010年翻一番以上,11 501个贫困村和88个贫困县全部"摘帽"。为了实现这个目标,在大众创新、万众创新的大背景下,政府需要大力推动科技创新、创业和使用技术的应用来实现农业产业发展。

4.2 四川省科技投入情况数据分析与结果

4.2.1 数据分析

通过分析2000—2015年四川省相关统计数据后,选取农业总产值作为农业经济增长指标,科学研究与实验发展(R&D)经费支出、科技从业人员、科技成果及应用水平(项)三个参数作为农业科技投入指标②。由于农业领域无专门的科学研究与实验发展(R&D)经费和科技从业人员统计数据,故本书选取全社会科学研究与实验发展(R&D)经费支出和科技从业人员数据。

科技投入与农业经济增长统计数据描述见表4-1和图4-1。

---

① 高广阔,柳倩倩.农业科技投入与农业经济增长的灰色关联分析研究技术与创新管理,2014(11):584-589.

② 叶园胜,陈修颖.科技资源投入与农业经济增长的关联分析——浙江省案例[J].科技管理研究,2012(2):82-85,94.

表 4-1　2000—2015 年四川省农业科技投入和农业经济增长情况

年份	2000	2001	2002	2003	2004	2005	2006	2007
农业产值（亿元）	1 483.52	1 534.89	1 651.53	1 784.49	2 252.28	2 457.46	2 602.10	3 370.17
名义增长率（%）	—	3.46	7.60	8.05	26.21	9.11	5.89	29.52
R&D 经费支出（亿元）	44.88	57.47	61.92	79.42	78.01	96.25	107.57	139.11
名义增长率（%）	—	28.04	7.75	28.26	−1.78	23.38	11.76	29.33
R&D 占 GDP 比例（%）	1.1	1.3	1.3	1.49	1.22	1.3	1.25	1.32
名义增长率（%）	—	18.18	0.00	14.62	−18.12	6.56	−3.85	5.60
科技人员数（万人）	4.04	3.53	4.50	4.40	4.64	5.14	5.36	6.26
名义增长率（%）	—	−12.60	27.27	−2.14	5.41	10.85	4.18	16.89
科技成果应用（项）	79	80	82	61	82	68	86	72
名义增长率（%）	—	1.27	2.50	−25.61	34.43	−17.07	26.47	−16.28
年份	2008	2009	2010	2011	2012	2013	2014	2015
农业产值（亿元）	3 686.20	3 689.81	4 081.81	4 932.73	5 433.12	5 620.26	5 888.10	6 377.84
名义增长率（%）	9.38	0.10	10.62	20.85	10.14	3.44	4.77	8.32
R&D 经费支出（亿元）	162.26	214.46	270.65	294.10	350.86	399.97	449.33	502.88
名义增长率（%）	16.64	32.17	26.20	8.67	19.30	14.00	12.34	11.92
R&D 占 GDP 比例（%）	1.3	1.52	1.57	1.40	1.47	1.52	1.57	1.67
名义增长率（%）	−1.52	16.92	3.61	−11.18	5.08	3.42	3.29	6.37
科技人员数（万人）	6.31	4.88	4.52	4.40	5.21	5.80	6.28	6.75
名义增长率（%）	0.85	−22.72	−7.34	−2.65	18.30	11.33	8.28	7.58
科技成果应用（项）	95	90	86	74	170	225	170	164.00
名义增长率（%）	31.94	−5.26	−4.44	−13.95	129.73	32.35	−24.44	−3.53

数据来源：《四川统计年鉴》（2001—2016 年）。

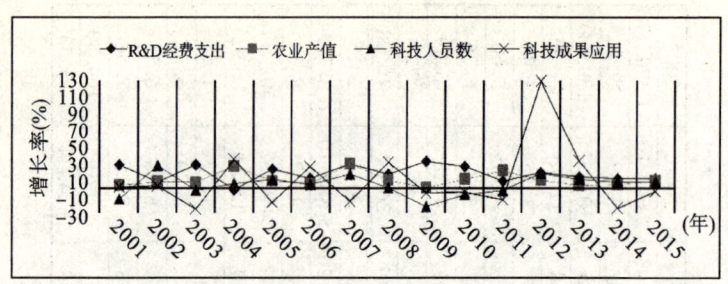

图 4-1 2000—2015 年四川省农业科技投入和农业经济增长情况

4.2.2 统计结果

（1）根据 2000—2015 年《四川省统计年鉴》《四川省科技统计年鉴》数据，四川省农业总产值增长 4.3 倍，平均增长率为 10.5%。

（2）至 2015 年年底，四川省 R&D 经费支出达到了 502.88 亿元，增长 11.2 倍，平均增长率为 17.86%，其增长幅度远大于农业总产值增长。2004 年出现一次负增长，但是总体来看四川省科技的资金投入力度一直在加大，多年保持两位数的增长。

（3）科学研究与实验发展（R&D）经费支出占生产总值的比例逐年增加，从 1.1%（2001 年）增长到 1.67%（2015 年），而同期全国为 2.02%；平均增长率为 3.27%，其增长幅度远低于农业总产值增长。虽然四川省 R&D 经费支出增长很快，但是其占生产总值的比例还低于全国水平，投入力度还不足，还需要继续加大对科学研究与实验发展（R&D）的经费支出。

（4）科技人员是科技增长的基石，缺少了人，科技发展就无从做起。四川省科技人员数 2015 年为 6.75 万人，比 2000 年增长了 1.67 倍；平均增长率为 4.23%，远低于农业总产值增长。而且 2001 年和 2009 年出现两次比较大的人员流失情况，2012 年又增长较快，其原因与四川省近年来的人才引进政策相关。

（5）科技成果及应用（项）主要体现科技实用化水平，本章选取统计年鉴中应用项目下的农、林、牧、渔业应用项目为指标，能够体现实用科技在农业中应用的真实情况。四川省农业科技成果及应用（项）2015 年达到了到 164 项，增长 2.08 倍，增长率为 9.87%。2013 年达到了 225 项，成为最多的一年。

（6）R&D 经费支出、科技人员数量、科技成果及应用（项）的增长与农业总产值的增长很少同步，主要原因为科技转化为实际经济效益有滞后期，大概 2~3 年后农业总产值出现较大增长。

由数据可见，四川省在 2001—2015 年的科技投入稳中有增，尤其在加大了资金投入和实施良好的人才计划后，科技发展后劲充足。

4.3 灰色关联分析

4.3.1 模型与方法

灰色系统理论是 20 世纪 80 年代，由中国华中理工大学邓聚龙教授首先提出并创立的一门新兴学科，它是基于数学理论的系统工程学科，主要解决一些包含未知因素的特殊领域的问题，广泛应用于农业、地质、气象等学科。

灰色系统理论主要用于控制和预测，现在已经广泛地应用在经济、社会等研究领域，以"部分信息已知，部分信息未知"

的"小样本""贫信息"不确定性系统为研究对象,通过部分已知信息的生成、开发,通过分析各种因素的关联性及其量的测度,实现对系统变化规律的认识。灰色系统理论基本思想是根据数列曲线几何形状的相似度来判定其联系的紧密程度。曲线越接近,数列之间关联度就越大,反之则小[1][2]。

4.3.2 数据来源与处理

本书建立灰色关联模型,以四川省农业总产值为母序列,代表农业经济增长水平;以 R&D 经费支出、科技人员数量、科技成果及应用水平三个指标作为子序列,代表农业科技投入水平;建立序列表,计算序列间的灰色关联度,分析农业科技投入与农业经济增长的关系。

设 $X0$ 序列为农业总产值(单位:亿元),为了消除通货膨胀影响,按农总产值指数平减为 2000 年不变价格;$X1$ 序列为 R&D 经费支出(单位:亿元),按居民消费者价格指数平减为 2000 年不变价格;$X2$ 序列为科技从业人员数量(单位:万人);$X3$ 序列为科技成果及应用水平(单位:项)。具体数据见表 4-2 和表 4-3。

在进行灰色关联分析前,先要对所有数据做无量纲化,本章采用初值化处理,结果见表 4-4。计算公式如下:

$$X(k)=X(k)/X(0) \quad (k=1,2,3,\cdots,n) \qquad (4-1)$$

---

[1] 陈莉,刘光辉. 安徽省农业经济增长的灰色关联解析 [J]. 中国农学通报, 2004, 20 (2): 229-231.
[2] 林少伟,刘琴,宋建晓. 福建农业经济增长影响因素分析及对策 [J]. 中共福建省委党校学报, 2006 (9): 86-88.

表 4-2　2000—2015 年农业总产值

年份	2000	2001	2002	2003	2004	2005	2006	2007	2008	2009	2010	2011	2012	2013	2014	2015
X0	1 483.52	1 498.83	1 510.68	1 536.81	1 811.16	1 855.35	1 699.64	2 370.79	2 510.36	2 410.60	2 551.88	2 948.23	3 107.43	3 108.79	3 131.65	3 242.97

数据来源：《四川统计年鉴》（2000—2016 年）。

表 4-3　2000—2016 年农业科技投入

年份	2000	2001	2002	2003	2004	2005	2006	2007	2008	2009	2010	2011	2012	2013	2014	2015
X1	4.04	3.53	4.50	4.40	4.64	5.14	5.36	6.26	6.31	4.88	4.52	4.40	5.21	5.80	6.28	6.75
X2	44.88	54.00	53.51	62.50	57.84	64.41	67.59	79.33	86.39	101.85	113.05	107.39	114.18	119.74	124.09	128.60
X3	79	80	82	61	82	68	86	72	95	90	86	74	170	225	170	164

数据来源：《四川统计年鉴》（2000—2016 年）。

表 4-4　初值化后的数列

年份	2000	2001	2002	2003	2004	2005	2006	2007	2008	2009	2010	2011	2012	2013	2014	2015
X0	1.000 0	1.010 3	1.018 3	1.035 9	1.220 9	1.250 6	1.145 7	1.598 1	1.692 2	1.624 9	1.720 2	1.987 3	2.094 6	2.095 5	2.111 0	2.186 0
X1	1.000 0	0.874 0	1.112 3	1.088 5	1.147 3	1.271 8	1.325 0	1.548 7	1.561 9	1.207 0	1.118 4	1.088 7	1.288 0	1.433 9	1.552 7	1.670 4
X2	1.000 0	1.203 2	1.192 2	1.392 5	1.288 8	1.434 9	1.505 8	1.767 3	1.924 7	2.269 2	2.518 6	2.392 5	2.543 9	2.667 8	2.764 7	2.865 0
X3	1.012 7	1.038 0	1.038 0	0.772 2	1.038 0	0.860 8	1.088 6	0.911 4	1.202 5	1.139 2	1.088 6	0.936 7	2.151 9	2.848 1	2.151 9	—

4　四川省农业科技投入与农业经济增长相关性研究

4.3.3 农业科技投入与农业经济增长的关联度分析

求对应差序列,包括与参考数列差的绝对值 $\Delta_i k = |x_0(k) - x_i(k)|$,求出 $\max\limits_i \max\limits_k |x_0(k) - x_i(k)|$ 和 $\min\limits_i \min\limits_k |x_0(k) - x_i(k)|$。其中 $\max|x_0(k)|$ 是一级最大差,表示在 $x_i(k)$ 序列上找各点与 $x_0(k)$ 的最大差,即跑遍 k 选最大者。$\max\limits_i \max\limits_k |x_0(k) - x_i(k)|$ 为二级最大差,表示在各序列找出的最大差基础上寻找所有序列中的最大差,即跑遍 i 选最大者。同理,$\min\limits_i \min\limits_k |x_0(k) - x_i(k)|$ 为二级最小差,为在各序列找出的最小差基础上寻找所有序列中的最小差,即跑遍 i 选最小者。处理后化为表 4-5。

根据表 4-5 可知各个比较数列与参考数列对应差值中的最小值为 0,各比较数列对参考数列各点对应差值中之最大值为 1.05。

利用灰色相关系数计算模型:

$$r_{0i} = \frac{\min\limits_i \min\limits_k |x_0(k) - x_i(k)| + \xi \max\limits_i \max\limits_k |x_0(k) - x_i(k)|}{|x_0(k) - x_i(k)| + \xi \max\limits_i \max\limits_k |x_0(k) - x_i(k)|}$$

$$= \frac{m + \xi M}{\Delta_i(k) + \xi M}$$

$$\xi \in (0, 1), \ K = 1, 2, \cdots\cdots, n; \ i = 1, 2, \cdots\cdots, m$$

(4-2)

ξ 为分辨系数,$0 < \xi < 1$。设 ξ 分辨系数为 0.5,处理后得关联系数 r,$r01$ 为科技从业人员数量与农业产值关联系数,$r02$ 为科学研究与实验发展经费支出与农业产值关联系数,$r03$ 为科技成果及应用水平与农业产值关联系数,详见表 4-6 和图 4-2。

表 4-5 绝对差值表

年份	2000	2001	2002	2003	2004	2005	2006	2007	2008	2009	2010	2011	2012	2013	2014	2015
$\|x_0(k)-x_1(k)\|$	0.00	0.14	0.09	0.05	0.07	0.02	0.18	0.05	0.13	0.42	0.60	0.90	0.81	0.66	0.56	0.52
$\|x_0(k)-x_2(k)\|$	0.00	0.19	0.17	0.36	0.07	0.18	0.36	0.17	0.23	0.64	0.80	0.41	0.45	0.57	0.65	0.68
$\|x_0(k)-x_2(k)\|$	0.00	0.00	0.02	0.26	0.18	0.39	0.06	0.69	0.49	0.49	0.63	1.05	0.06	0.75	0.04	0.11

表 4-6 关联系数表

r01(1)	r01(2)	r01(3)	r01(4)	r01(5)	r01(6)	r01(7)	r01(8)	r01(9)	r01(10)	r01(11)	r01(12)	r01(13)	r01(14)	r01(15)	r01(16)
1.000 0	0.793 9	0.848 1	0.909 0	0.877 2	0.961 3	0.745 4	0.914 0	0.556 8	0.466 0	0.368 8	0.394 3	0.442 4	0.484 6	0.504 5
r02(1)	r02(2)	r02(3)	r02(4)	r02(5)	r02(6)	r02(7)	r02(8)	r02(9)	r02(10)	r02(11)	r02(12)	r02(13)	r02(14)	r02(15)	r02(16)
1.000 0	0.731 4	0.751 2	0.595 5	0.885 7	0.740 2	0.593 2	0.756 2	0.693 1	0.449 0	0.396 7	0.564 4	0.538 9	0.478 5	0.445 4	0.436 0
r03(1)	r03(2)	r03(3)	r03(4)	r03(5)	r03(6)	r03(7)	r03(8)	r03(9)	r03(10)	r03(11)	r03(12)	r03(13)	r03(14)	r03(15)	r03(16)
1.000 0	0.995 6	0.963 9	0.665 6	0.741 6	0.573 8	0.902 0	0.433 3	0.517 4	0.519 5	0.453 9	0.333 2	0.901 7	0.410 9	0.927 7	0.826 7

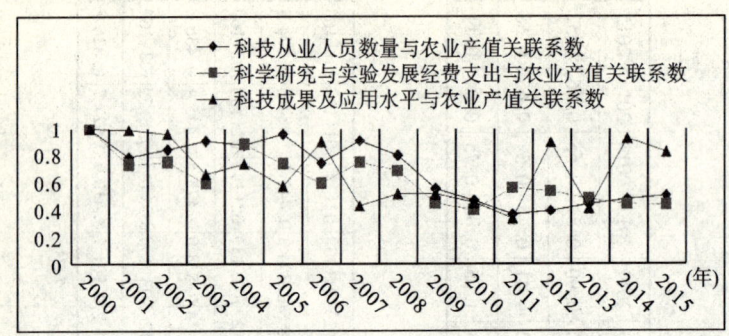

图 4-2　四川省农业科技投入与农业经济增长关联系数

根据表 4-6 关联系数，计算关联度 R：

$$R_i = \frac{1}{n}\sum_{k=1}^{n} r_{0i}(k) \qquad (4-3)$$

计算关联度，结果为：$R_2<R_1<R_3$，具体数据见表 4-7。

表 4-7　　　　　　农业科技投入关联度

农业科技投入	R_1	R_2	R_3
关联度	0.671 2	0.603 7	0.677 8

上述结果表明，科技从业人员数量、R&D 经费支出、科技成果及应用水平与农业经济增长都存正相关性。科技从业人员数量与农业总产值的关联度为 0.671 2，R&D 经费支出与农业经济增长的关联度为 0.603 7，科技成果及应用水平与农业经济增长的关联度为 0.677 8。

由于 $R_2<R_1<R_3$，说明科技成果及其应用水平情况（R_3 = 0.677 8）对于农业经济增长有很大的推进作用，是促进现代化农业发展的重要手段。科技从业人员数量（R_1 = 0.671 2）、R&D 经费支出（R_2 = 0.603 7）对农业经济发展的作用次之。

4.4 对策与建议

根据四川科技厅数据，2015年四川省科技进步贡献率超过50%，"十三五"规划要求期末科技进步贡献率要超过60%，科技逐渐成为带动经济的主要生产要素①。在发达国家科技对经济增长贡献高达70%~80%，四川省与之相比水平还是较低，还有很大的增长空间。因此，为了实现精准扶贫的目标，必须增加对基础研究的投入，充实科技人员队伍，完善农技服务体系，将科技扶贫落到实处，加大推广农业科技成果力度，提高科技对农业经济的贡献率。

增加基础研究投入，提高科研水平。四川省农业科技投入较低，远低于全国水平，资金的短缺对科技研发形成了阻力。四川省应该按照生产总值增长态势，逐步增加科研经费支出。由于四川省处于中西部地区，科研资金总体无法与发达地区相比，对科技资金的使用更需要有前瞻性和大局观，选择适合四川省本地特色的项目加大投入。成立农业产业科技投入专项基金，并引导社会资金进入，创新科研资金来源。选取优势项目，加大培育力度，结合产学研制度，努力在某些领域实现突破，实现技术领先。

完善农业科技人才队伍建设。无论基础研究还是农技推广，都离不开科技人员的辛勤付出。特别是精准扶贫背景下，四川省共有11 501个贫困村，需要大量的科技人员。政府需建立并

---

① 科技厅.《四川省"十三五"科技创新规划》解读［EB/OL］.（2017-04-01）［2017-06-30］. http://www.sc.gov.cn/10462/10464/13298/14097/2017/4/1/10418979.shtml.

完善农业科技人员培养、招聘、培训体系，为人才提供良好的工作环境和生活条件。在增加科研经费投入的前提下，完善科研经费使用管理办法，让人才能够安心科研，发挥创新能力，为四川省农业增长提供人力资源基础。

建立四川省农业创业、创新服务机制。科技成果转化是四川省农业增长的主要推动力，这需要完善的双创服务体系。完善"产学研"模式，将科研院所的科技成果及时转化为实际生产力，鼓励大中院校师生创业、创新，将已有的研究成果进行产业化。政府要鼓励科研机构和科研人员自主创业，完善知识产权保护和流转，实现科研人员收入合理增长，调动其积极性；鼓励企业参与到科研中，并提供相应的科研扶持计划；搭建四川省农业双创服务体系，从政策、资金、信息服务、知识产权服务、创业辅导等多个方面为双创人员服务。

4.5 小结

利用灰色关联法计算四川省（2001—2015年）农业科技投入与农业经济增长的关联度，得出科技成果及其应用水平情况是四川省农业经济增长的重要推动力，而科技从业人员数量和R&D经费支出与农业经济增长的相关性略低。在精准扶贫的背景下，需要以科技为支撑，以投入为保障，努力提高四川省农业科技水平，在贫困地区形成布局合理、特色突出、安全高效的农业产业，提高科技和创新水平，带领群众脱贫致富。

5　西南地区科技投入对农业经济增长的影响

截至2015年年底，西南地区5省市农业人口占常住人口的53%，而第一产业生产总产值与地区生产总产值的比例为12%，说明西南地区经济仍然以农业为主。西南地区作为我国农业贫困人口众多的地区，按照精准扶贫的要求，农业方面的扶贫的确是主要方向。精准扶贫的主要目的是提高农业生产效率，增加农业产量，从而最终达到增加农业从业人员收入，实现共同富裕的目的。

对于科技投入与经济增长关系的研究方面，高广阔等（2014）运用灰色系统理论对2002—2012年的全国数据进行分析，得出农业研究与开发机构R&D人员全时当量，农业研究与开发机构R&D经费支出都与农业经济增长有很强的关联度的结论；宋华等（2013）采用30多年区域科技投入数据，建立面板数据模型，说明科技投入、物资资本和人力资本的投入对经济增长有很大的促进作用；闫俊强等（2009）对2000—2005年我国30个省份的广义农业经济增长进行研究，发现广义农业技术进步对农业经济增长贡献最大；范柏乃等（2013）在柯布-道格拉斯生产函数要素投入向量中加入科技要素投入，利用全国31个省2001—2011年的面板数据进行实证分析，考察了科技投入对经济发展影响的区域差异；刘媛媛等（2014）运用扩展 C-D 生产函数的索洛余值法和数据包络分析法（DEA）对新疆科技投入对区域经济增长贡献度进行分析。

回顾现有文献可以看出，对于科技投入对经济增长影响的研究成果已有很多，但研究对象多聚焦于全国或个别地区，而对四川及西南地区关于科技投入与农业经济增长的关系的研究的文献较少，并且采用变系数面板数据模型考察技术进步对农业经济增长的影响的研究不多。本章主要研究西南地区 5 省市科技投入对农业经济增长的影响。

5.1　西南地区 5 省市基本情况

5.1.1　数据选择与来源

本章选择西南地区 5 省市在 2004—2014 年农业经济增长及与其相关的科技要素投入方面的样本数据。各研究因素的衡量指标的选取借鉴以往文献。

被解释变量为农业经济增长，选择第一产业产值（单位：亿元）作为衡量指标，为了排除价格变动的影响，本书将各年按当年价格计算的第一产业产值平减为 2004 年价格的实际第一产业产值；解释变量为科技投入，选择科学研究与实验发展（R&D）内部经费支出（单位：万元）和科学研究与实验发展（R&D）人员全时当量（单位：人年）作为衡量指标。R&D 内部经费支出根据居民消费者价格指数（2004 年 = 100）平减为以 2004 年当年价格为基期的实际 R&D 内部经费支出。科技活动人员用实验发展（R&D）人员全时当量来代替。

样本数据均取自《中国统计年鉴》（2005—2015 年）和

《中国科技统计年鉴》(2005—2015年)。

5.1.2 西南地区5省市农业生产总值

西南地区5省市农业生产总值年增长率详见表5-1。

表5-1 西南地区5省市农业总产值年增长率（环比）

地区	年份										
	2004	2005	2006	2007	2008	2009	2010	2011	2012	2013	2014
重庆	—	2.81	-2.76	3.46	11.69	-0.04	6.46	17.24	5.70	3.31	-0.04
四川	—	0.41	4.99	21.53	15.29	-8.95	6.14	14.99	5.76	0.38	-0.70
贵州	—	4.97	1.88	9.91	14.92	-3.70	8.49	14.81	13.09	9.05	16.73
云南	—	5.76	6.11	7.17	14.70	-0.60	-0.36	20.10	9.90	7.26	-1.13
西藏	—	5.09	2.77	3.49	3.80	2.49	4.24	4.80	4.39	4.06	1.30

数据来源：《中国统计年鉴》(2005—2015年)。

从西南地区农业总产值年增长率来看，受2008年国际金融危机的影响，2009年西南5省市农业生产总值都有所下降外，2004—2014年西南地区各省市农业生产总值总体上呈增长态势，增长率呈现一定程度的波动，这与每期科技投入量的变动以及科技投入的产出滞后效应有关。其中贵州省平均增长率最高，为9.01%，这是因为贵州省农业经济基础薄弱，增长空间大，只要增加农业科技方面的投入就能很大地提高农业经济产量；西藏自治区农业生产总值变化不大且平均增长率最低，为3.64%，主要原因在于西藏对农业科技方面的投入不够，该推论将在后面实证结果中给出。

5.1.3 西南地区5省市农业科技投入情况

西南地区5省市R&D内部经费支出总额详见表5-2。

表 5-2　西南地区 5 省市 R&D 内部经费支出总额　单位：亿元

地区	年份										
	2004	2005	2006	2007	2008	2009	2010	2011	2012	2013	2014
重庆	1.89	2.40	2.16	2.73	2.83	6.02	7.82	12.65	14.64	9.95	6.62
四川	32.91	37.79	39.35	48.36	56.23	77.98	102.98	101.02	118.28	125.62	139
贵州	1.40	1.48	1.38	1.52	1.84	3.18	2.37	2.29	3.31	4.69	4.98
云南	5.30	9.46	10.02	12.07	11.34	11.10	11.76	11.81	13.82	14.25	12.70
西藏	0.21	0.16	0.18	0.39	0.45	0.47	0.40	0.39	0.63	1.01	1.07

数据来源：《中国科技统计年鉴》（2005—2015 年）。

从研究与实验发展（R&D）内部经费支出情况来看，2004—2014 年，西南地区各省市的 R&D 内部经费支出总额都是稳中有升，但地区之间 R&D 内部经费支出总额差异较大，其中四川省投入总量最大，其次是重庆、云南、贵州、西藏；各省市内部 R&D 内部经费支出年增长率变动都比较大，其中西藏自治区的投入年增长率最高，为 23.36%，其次是重庆、贵州、四川，云南省的投入年增长率最低，为 11.23%。

西南地区 5 省市 R&D 人员全时当量总量详见表 5-3。

表 5-3　西南地区 5 省市 R&D 人员全时当量总量　单位：人年

地区	年份										
	2004	2005	2006	2007	2008	2009	2010	2011	2012	2013	2014
重庆	2 295	2 009	2 706	2 410	2 437	2 470	2 804	3 657	4 674	5 139	3 321
四川	16 342	16 761	17 528	19 902	19 443	18 287	17 905	21 334	23 568	26 236	30 264
贵州	1 552	1 867	1 960	1 812	2 103	2 164	2 034	2 101	2 470	2 842	2 956
云南	3 877	3 596	3 761	4 150	4 270	4 624	4 785	5 425	5 814	6 186	6 253
西藏	370	384	250	397	378	403	444	367	407	380	395

数据来源：《中国科技统计年鉴》（2005—2015 年）。

从科学研究与实验发展（R&D）人员全时当量来看，2004—2014年，R&D人员全时当量总量逐年增长，各省市间投入量的差异很大，四川投入最多；各省市内部R&D人员全时当量年增长率水平变化很大，其中贵州省的投入年增长率最为显著，为7.06%，其次是四川6.66%、重庆6%、云南5.04%，最后是西藏3.06%。

5.2 科技投入对农业发展的贡献数据分析

5.2.1 研究方法和模型设定

科技进步贡献率的理论和测算方法在学术上并非完全统一，计算方法也比较复杂，目前关于科技进步的测算方法主要有索洛余值法、C-D生产函数、综合指标法、CES生产函数方法、DEA法、全要素生产率模型法、丹尼森因素分析法、超越对数生产函数法[1]。就各种研究方法而言，其理论基础都建立于Cobb-Douglas生产函数或Slow增长速度方程之上[2]。

在研究影响经济增长因素的问题中，生产函数是研究的出发点，其数学表达式为：

$$Q = F(X_1, X_2, X_3, \cdots, X_n) \tag{5-1}$$

其中，Q是产量，$X_1, X_2, X_3, \cdots, X_n$是生产要素，如土地、资本、劳动等。

本章研究广义农业经济发展问题，采用柯布-道格拉斯

---

[1] 李金诚. 农业科技进步贡献率的"偏倚"分析 [J]. 农业技术经济, 1998 (6): 45-47.

[2] 王桂荣, 王慧军, 陶佩君. 河北省种植业科技进步贡献率测算与分析 [J]. 河北农业科学, 2004, 8 (1): 38-41.

(Cobb-Douglas)生产函数，其数学表达式为：

$$Y(t)=A(t)K^{\alpha}L^{\beta} \qquad A>0, 0<\alpha<1, 0<\beta<1 \qquad (5-2)$$

式（5-2）中，Y 为产量，K 为劳动，L 为劳动，A 为技术进步以及除劳动、资本以外影响产出的要素，t 表示时间，参数 α 和 β 分别是产出对资本和劳动的弹性。

本章的研究重心在于科学技术这一要素的投入对产出的作用，所以将柯布-道格拉斯（Cobb-Douglas）生产函数扩展为科技投入与产出的关系，表现形式为：

$$Y(t)=A(t)X_1^{\beta 1}X_2^{\beta 2} \qquad (5-3)$$

式（5-3）中，Y 表示第一产业产值，X_1、X_2 分别表示广义农业生产过程中 R&D 内部经费支出、R&D 人员全时当量，A 代表其他影响因素，t 代表时间，$\beta 1$、$\beta 2$ 代表各要素的产出弹性。

对式（5-3）两边同取自然对数，得：

$$\ln Y(t)=\ln A(t)+\beta_1\ln X_1+\beta_2\ln X_2 \qquad (5-4)$$

本章对西南 5 省市面板数据进行分析，根据公式（5-4）建立相应的计量经济模型式（5-5）。

$$\ln Y_{it}=C_{it}+\beta_{1i}\ln X_{1it}+\beta_{2i}\ln X_{2it}+\xi_{it} \quad (i=1,2,3,4,5; t=2004, 2005,\cdots,2014) \qquad (5-5)$$

式（5-5）中，$C_{it}=\ln A_{it}$，ξ_{it} 为随机扰动项。

5.2.2 数据分析

本章通过样本数据考察个体间科技要素投入对农业经济增长影响的差异，使用 Eviews8.0 进行固定效应变系数模型估计，利用普通最小二乘法（OLS）估计参数。西南地区科技投入对农业经济发展的效应变系数模型估计结果见表 5-4。

表 5-4　　　　变系数模型估计结果

省份	截距	$\ln X_1$ 系数	$\ln X_1$ t 值	$\ln X_2$ 系数	$\ln X_2$ t 值
重庆	2.638	0.126	2.307*	0.283	2.071**
四川	0.776	0.303	4.144***	0.272	1.363
贵州	-2.541	0.238	1.847*	0.822	2.565**
云南	-3.721	0.197	1.715*	0.967	6.323***
西藏	2.876	0.185	4.427***	-0.078	-0.435
DW					1.808
Adj_R^2					0.996
F 统计量					1 084.166
P 值					0.000
F 值(固定效应检验)					85.098***
Hausman Chi-Sq Stat					4.198

注：*** 表示在 1% 的水平下统计检验显著，** 表示在 5% 的水平下统计检验显著，* 表示在 5% 的水平下统计检验显著。

5.2.3　计算结果

从表 5-4 可以发现，西南各省市之间的情况不大相同。

重庆市的截距项最大，为 2.638，这是因为截距项是科技投入对农业经济发展基础效应的重要反映，截距项越大说明科技投入对农业经济发展的基础效应越强。

从 R&D 内部经费支出情况来看，R&D 内部经费支出对重庆、四川、云南、贵州和西藏的农业经济发展效应都比较显著，其中对四川省农业经济增长的促进作用最大，R&D 内部经费支出每增加 1%，第一产业生产总值增加 0.303%，而重庆的第一产业生产总值对 R&D 内部经费支出的弹性最小，为 0.126。

从 R&D 人员全时当量来看，科技活动人员的投入对四川、重庆、贵州和云南的农业经济发展有显著的推动作用，其中云南的促进作用最大，R&D 人员全时当量每增加 1%，第一产业总产值就增加 0.967%，这也与前面的描述统计结果相一致；而科技活动人员的投入对西藏自治区农业经济发展效应不显著，原因在于西藏科技人才储备不足，导致科技从业人员的投入有限，因此对农业经济增长没有产生积极作用。

5.3 结论与建议

经济增长理论表明，技术进步不仅能够提高单位劳动的生产效率和降低单位产量的资本占有率，而且在生产要素投入量不变的条件下，技术进步能够极大地促进经济增长；而科技投入正是技术进步的源头。上述研究结果也从理论上和经验上证实了这一理论。因此，在农业精准扶贫工作中，西南地区各省市应该将合理增加农业方面科技投入作为提高农业产量、促进农业经济发展的主要方向。研究结果表明，在我国西南地区，以科学研究与实验发展（R&D）内部经费支出和科学研究与实验发展（R&D）人员全时当量为代表的科技要素投入与农业经济增长呈现出相同的变化趋势，科技要素投入增加，则第一产业生产产值增加，科技要素投入减少，则第一产业生产产值减少；科技投入对农业经济发展有积极的拉动作用。同时研究结果还表明，就目前西南地区各省市的科技投入现状而言，科技投入促进农业经济增长的潜力仍然很大；西南地区各省市之间的科技投入力度不同，因此科技对农业经济发展效果有很大差异。例如，四川 R&D 内部经费支出最大，表现出农业生产产值最大，西藏 R&D 人员储备不够，表现出 R&D 人员全时当量对农业经济的促进效果不显著。

根据研究结果提出以下建议：

第一，继续加大科技活动经费的投入。西南地区科技活动经费投入总量的增长速度缓慢，所占地区生产总值比例偏低，科技资本存量少，没用构成良好的生产力。因此，西南地区应当加大科技投入力度，同时鼓励社会多方参与，形成多元化的科技投入体系，提高科技投入效率。

第二，建立和完善科研项目经费管理，使科研项目和经费管理适应科学研究规律和科技工作特点；强化预算约束，加强监管，使科研经费管理透明化、规范化、法制化。

第三，加强科技人才队伍建设，成立"科技人才发展专项资金"，集中用于农业科技人员的培养培训和输入引进；整合西南地区教育资源，建设农业科技人员的培养培训基地。

第四，大力引进科技人员，完善科技人才资源管理体系。西南地区农业产出对科技活动人员投入有很大弹性，说明科技从业人员的数量对农业经济发展有很大的促进作用；同时，西藏科技从业人员的投入对农业经济发展的作用不显著，说明科技从业人员储备不足。因此，应当加大人才引进力度，增加科技人力资源储量，全方位构建一个选人、育人、用人以及留人的科技人才资源管理体系。

5.4 小结

在精准扶贫的背景下，本章考察了西南地区5省市广义科技投入与农业经济增长的关系。在扩展的柯布-道格拉斯生产函数的基础上，利用2004—2014年西南地区5省市科技投入和农业经济增长的面板数据，运用固定效应变系数模型，分析了科技投入对农业经济增长影响的西南地区省市间的差异，得出科技投入对农业经济增长有显著的促进作用的结论。

6 四川省科学技术进步对农业收入影响的分析

产业扶贫是科学选择主导产业,围绕产业全链条发展科学精确施策,让建档立卡贫困户能长期稳定受益;以产业为主线,针对产业生产、加工、销售等环节,在资金、项目和服务上制定因村因人的个体化、精准化的帮扶政策。农林牧渔业和农产品加工等作为贫困地区最基本的产业,是贫困人口脱贫的基本依托,因此推进农业产业现代化建设是产业扶贫工作的重点。

鉴于农业产业发展成效最终是体现到产业生产总值增长上,将影响农业产业生产总值增长的生产要素投入和科学技术进步这两个方面作为考察对象。以往的研究表明,依靠资源要素数量增加换取经济发展的粗放型传统农业生产经营模式存在经济效益低、规模报酬递减和资源利用不充分的缺点。因此,我们选取以提高效率为主的科学技术进步型农业生产发展作为研究重点。樊胜根采用固定系数模型和可变系数模型,测算得出中国农业科研投入的年收益率为44%~169%。

一方面,科学技术进步使农业产业生产率效提高,实现生产要素优化配置,促进农业产业经济发展方式向集约型转变①。

---

① 彭建强. 农业集约型增长的内涵和标志 [J]. 经济论坛, 1996 (18).

另一方面，产业发展是产业扶贫的最直接动力。农业产业全链条发展会促进各个生产环节的发展，进而提高相关环节从业贫困户的家庭纯收入，达到扶贫、脱贫的目的。也就是说，科学技术进步可能对产业扶贫具备不可忽视的影响力。

因此，本章特以四川省作为研究突破点，着重解决以下两个问题：其一，测算 1991—2015 年四川省农业科技的进步率及其对农业产业经济发展的贡献率；其二，实证分析农业科技进步对农村家庭农业纯收入水平的影响。

6.1 四川省农业科技进步率及其贡献率测算

6.1.1 农业技术进步率的测定模型

狭义的科技进步指自然科学技术进步，广义的科技进步则包括自然科学技术进步和社会科学技术进步[①]。农业自然科学技术进步即农业生产技术的进步，具体表现为生产技术改进和新生产技术创造：前者通过改进原有的农业生产技术，改善生产过程中投入产出关系，提高资源利用率，降低单位产品生产成本；后者通过创造新的农业生产技术，培育专用、优质新品种，拓宽农业产业品种面，提高产业整体质量和效益；农业社会科学技术进步则包括农业政策、农业经营管理和服务等方面的进步。这里我们测算广义的农业科学技术进步对农业总产值增长的贡献率。

假定农业总产值的增长由两部分组成：一部分是农业技术进步带来的投入产出的提高；另一部分是物质费用、劳动力和

---

① 朱希刚. 我国农业科技进步贡献测算方法 [M]. 北京：中国农业出版社，1997.

耕地面积三类生产要素投入的增加。将技术进步描述为时间 t 的函数，对含有技术进步率的 C-D 生产函数改进后作为测算模型①：

$$Y = A_0 e^{\lambda t} K^\alpha L^\beta M^\gamma \qquad (6-1)$$

式（6-1）中，Y 是农业生产总值，A_0 是初始技术水平，λ 表示技术进步率，$A_0 e^{\lambda t}$ 表示整个生产函数在时间过程中受到技术变动的累计影响而发生的移动，K、L、M 分别代表物资费用、劳动力投入和耕地面积投入要素，α、β、γ 则表示物资费用、劳动力、耕地面积的投入产出弹性。

对模型（6-1）两边取对数，并假定规模报酬不变，即 $\alpha+\beta+\gamma=1$ 整理得：

$$\mathrm{Ln}(\frac{Y}{M}) = \ln A_0 + \alpha \ln(\frac{K}{M}) + \beta \ln(\frac{L}{M}) + \lambda t \qquad (6-2)$$

应用最小二乘法，根据农业总产值 Y、物资费用 K、劳动力 L 及耕地面积 M 的时间序列数据就可估算出模型中 α、β 的值，从而得到 γ 的值。

在索罗增长方程中②，农业总产量的增长是由物资费用的增长、劳动力的增长、耕地面积的增长与农业科技进步共同作用的结果：$Y' = \delta + \alpha K' + \beta L' + \gamma M'$。其中，$\delta$ 为农业科学技术进步率，α、β、γ 为弹性值，Y'、K'、L'、M' 分别表示农业总产值、物质费用、劳动力和耕地面积的增长速度。

令：$Y' = \dfrac{(Y_t - Y_0)}{Y_0}$，$K' = \dfrac{(K_t - K_0)}{K_0}$，$L' = \dfrac{(L_t - L_0)}{L_0}$，

---

① 刘芳，李晔，高波. 技术进步对河南省经济增长贡献的测算分析 [J]. 河南科学，2009，27（1）：119-122.

② R SOLOW. Technical Change and the Aggregate Production Function [J]. The Review of Economics and Statistics, 1957 (39).

$$M' = \frac{(M_t - M_0)}{M_0}。$$

可得农业科技进步率为：

$$\delta = \frac{(Y_t - Y_0)}{Y_0} - \alpha \frac{(k_t - k_0)}{k_0} - \beta \frac{(L_t - L_0)}{L_0} - \gamma \frac{(M_t - M_0)}{M_0} \quad (6-3)$$

农业科技进步的贡献率为：

$$E_\delta = \frac{\delta}{Y'} \quad (6-4)$$

6.1.2 数据的选取及处理

选取四川省1990—2015年相关数据作为样本带入上述生产函数。四川省农业总产值和农业物资消耗数据来源于《中国农村统计年鉴》（1990—2015年），农业劳动力和年底实有耕地面积的数据来源于2016年《四川省统计年鉴》和《四川年鉴》。将1990年作为基年价格水平排除通货膨胀影响，计算年农业总产值 Y，以基年总产值结合产业指数推算；用当年物资消耗占总产值的比重计算出可比农业物资消耗 K；采用年末数值计算农业劳动力 L 和耕地面积 M。

6.1.3 参数估计与测算结果

将处理的数据采用Eviews8.0的最小二乘法结合模型（6-2）进行回归得：

$$\ln(\frac{Y}{M}) = -0.4777 + 0.0308t + 0.4963\ln(\frac{K}{M}) + 0.4533\ln(\frac{L}{M})$$

$$(-2.2560) \quad (5.2326) \quad (6.8977) \quad\quad\quad (3.6680)$$

$R^2 = 0.9987$，$\overline{R}^2 = 0.9986$，$D.W = 0.7457$，$F = 5748.87$。

结果中 $R^2 = 0.9987$，说明方程对样本数据拟合度很好，并且常数项和各变量系数均通过了 t 检验,可得 $\alpha = 0.496\ 3$,$\beta = 0.453\ 3$,从而 $\gamma = 0.050\ 4$,再用模型(6-3)和(6-4)逐年计算出 1991—2015 年四川省科技进步率及其对农业经济增长的贡献率,如表 6-1 所示。

可以看出,1991—2015 年四川省农业科学技术水平每年都有提升,总共提高了 98.87%,对农业经济增长的贡献率总体呈上升趋势,为 48.47%。这不仅反映农业科技进步是四川省农业产业经济增长的主要动力之一,而且说明四川省农业经济的增长方式已经由粗放型转变为半集约状态,农业生产基本实现科技化。但与经济发达的地区相比还存在较大的差距。例如,北京为 59.07%,上海为 59.54%,天津为 57.08%[1]。因此仍需大力发展农业科技,充分利用科学技术对农业经济的推动作用。

计算得知,农业总产值近 25 年提高约为 203.99%,其中物资消耗贡献相对稳定,而劳动力及耕地面积对农业经济贡献为负值。在耕地面积和劳动力产生负效应,农业科技和物资消耗产生正效应的情况下,科学技术进步是农业经济增长的直接原因之一,即可能带来农民农业收入增长。

表 6-1　1991—2015 年四川省农业生产要素增长对总产值的贡献率

年份	农业产出增长率	农业科技进步率	农业科技进步贡献率	年份	农业产出增长率	农业科技进步率	农业科技进步贡献率
1991	0.044 0	0.008 8	0.201 0	2004	0.943 4	0.465 1	0.493 0
1992	0.087 8	0.022 9	0.260 7	2005	1.069 7	0.509 3	0.476 1
1993	0.098 7	0.032 2	0.326 5	2006	1.146 3	0.546 6	0.476 8
1994	0.136 1	0.052 4	0.385 2	2007	1.221 4	0.548 4	0.449 0
1995	0.232 7	0.102 8	0.442 0	2008	1.290 3	0.602 0	0.466 5

---

[1] 张莉侠,张瑞.1990—2009 年三大都市农业科技进步贡献率的测算及比较[J].中国科技论坛,2012(11).

表6-1(续)

年份	农业产出增长率	农业科技进步率	农业科技进步贡献率	年份	农业产出增长率	农业科技进步率	农业科技进步贡献率
1996	0.301 7	0.147 7	0.489 6	2009	1.386 5	0.651 7	0.470 1
1997	0.365 5	0.172 4	0.471 8	2010	1.493 9	0.709 1	0.474 7
1998	0.425 5	0.222 4	0.522 7	2011	1.608 6	0.752 1	0.467 5
1999	0.474 0	0.263 8	0.556 6	2012	1.726 0	0.816 7	0.473 2
2000	0.546 2	0.342 3	0.626 6	2013	1.821 4	0.870 3	0.477 8
2001	0.586 4	0.362 9	0.618 9	2014	1.934 3	0.929 3	0.480 4
2002	0.703 8	0.419 8	0.596 4	2015	2.039 9	0.988 7	0.484 7
2003	0.814 6	0.416 1	0.510 8				

6.2 农业科技进步对农村农业人均纯收入的影响分析

农业科技进步（Q），即表6-1中的四川省农业科技进步率。

6.2.1 农民家庭人均纯收入的来源划分及数据处理

农村家庭纯收入（Y_1）可划分农村家庭工资性纯收入、财政性纯收入、转移性纯收入和经营性纯收入。经营性收入来源行业包括农业、工业、建筑业、交通运输邮电业、批发零售餐饮业和社会服务业等。因此可由经营性纯收入得到农民从农业生产中获取的纯收入，进而可得人均纯收入。即：

$$\text{四川省农村家庭农业人均纯收入}(Y_2) = \frac{\text{全国农村家庭农业人均纯收入} \times \text{四川省可比农村家庭经营性人均纯收入}}{\text{全国农村家庭经营性人均纯收入}}$$

选取《中国统计年鉴》（1991—2016 年）四川省相关数据进行整理，以 1990 年为基期，通过农村居民人均收入价格指数计算出历年可比农业人均纯收入，如表 6-2 所示。

表 6-2　四川省历年农村家庭人均纯收入相关数据

年份	价格指数	Y_1（元/人）	Y_2（元/人）	年份	价格指数	Y_1（元/人）	Y_2（元/人）
1990	100	557.76	479.16	2003	382.08	2 131.08	998.65
1991	103.25	575.89	494.44	2004	427.86	2 386.43	1 189.82
1992	114.24	637.16	541.67	2005	474.27	2 645.28	1 156.44
1993	134.29	748.99	491.99	2006	522.96	2 915.18	1 213.65
1994	177.91	992.31	658.26	2007	603.29	3 364.93	1 442.95
1995	229.88	1 282.21	843.11	2008	693.66	3 868.97	1 546.36
1996	280.65	1 565.36	988.76	2009	750.87	4 188.00	1 530.87
1997	304.55	1 698.64	1 057.95	2010	862.45	4 810.41	1 685.60
1998	315.02	1 757.07	1 020.59	2011	1 016.66	5 670.49	1 998.45
1999	322.06	1 796.32	946.00	2012	1 153.52	6 433.87	2 127.38
2000	328.34	1 831.35	914.48	2013	1 296.21	7 229.75	2 194.90
2001	344.81	1 923.19	951.87	2014	1 441.35	8 039.29	2 360.11
2002	360.72	2 011.94	972.27	2015	1 569.58	8 754.47	2 511.08

注：农村人均纯收入既能直观地呈现农业科技进步率对农民生活水平的影响，还能消除数据因重庆划为直辖市产生的偏差。

6.2.2　相关性分析

由表 6-3 可以看出四川省农业科技进步率与农村人均纯收入、农村家庭农业人均纯收入呈现高度的正相关性。即随着农业科学技术进步，农村家庭人均纯收入和农业人均纯收入逐渐增加。

表 6-3　1991—2015 年数据相关系数测算结果

相关系数	Y_1	Y_2
Q	0.946 3	0.955 2

6.2.3　单位根检验

利用 ADF 法对 Q、Y_1、Y_2 数据序列的平稳性进行单位根检验，结果显示，农业科技进步率（Q）、农村家庭人均纯收入（Y_1）和农村家庭农业人均纯收入（Y_2）序列都是不平稳的，而其二阶差分又都是平稳的，即 $Q \sim I(2)$，$Y_1 \sim I(2)$，$Y_2 \sim (2)$。

6.2.4　协整检验

由单位根检验可知农村科学技术进步率与农村家庭人均纯收入、家庭农业人均纯收入序列数据存在相同的单位根阶数，可以进行协整检验。采用 Johansen 极大似然估计法进行协整检验，并在检验中选取无截距或无趋势项得到检验结果，结果表明，在 5% 的显著性水平下接受了存在一个协整方程的原假设，可见 Q 与 Y_1、Y_2 在 5% 的显著性水平下存在长期稳定的均衡关系，有一个协整方程。

6.2.5　格兰杰（Granger）因果检验

通过协整检验表明农业科学技术进步率（Q）与农村家庭人均纯收入（Y_1）、家庭农业人均纯收入（Y_2）存在长期均衡关系。再进行格兰杰因果检验，确定解释变量与被解释变量之间是否存在因果关系。检验结果显示在 5% 的显著水平下，拒绝了农业科技进步率是农村家庭人均纯收入的格兰杰原因，农业科技进步率与农村家庭农业人均纯收入互为格兰杰原因。

6.2.6 模型的估计与检验

从格兰杰因果关系检验结果可知,农业科技进步率只对农村家庭农业人均纯收入有直接影响。由于农业部门依靠土地和劳动的密集投入进行生产,因此构建一个农村农业部门经济生产模型来讨论农业科技进步对农村家庭农业人均纯收入的影响,这也符合协整检验存在一个协整方程的结论。

建立模型: $Y = TL^{\alpha}M^{\beta}$。其中 Y 表示农村农业生产总值,T 代表科技进步,L 代表农村农业劳动力,M 代表农村土地,α、β 为农业劳动力和农村耕地的弹性值。

在农村家庭农业生产中,农业总产值(Y)= 物资消耗(K)+农业总产值净增加值。农业总产值净增加值相当于农业生产净收入,因此农业总产值净增加值=农业生产净收入=农业生产人均纯收入(Y_1)×农村总人口(L_1);物资消耗(K)= 总产值(Y)×物资占比(η)(物资消耗占比数据来源于《中国农村统计年鉴》)。

因此模型经变换整理得: $Y_1 = \dfrac{(1-\eta)}{L_1}TL^{\alpha}M^{\beta}$。

由于考察农业科技进步率与农业人均纯收入的相关关系,将上式简化为: $Y_1 = \mu T^v$。其中 v、μ 为待估参数,T 取前文农业科技进步率。取对数后得:

$$Y_1 = v\ln T + \ln\mu \qquad (6-5)$$

运用 Eviews8.0,采用 OLS 法对模型(6-5)进行估计,得到 $v=0.33$,$\mu=1\,766.23$,并且均通过了 t 检验1%显著性水平,即 $Y_1 = 1\,766.23T^{0.33}$。可以看出,在其他因素保持不变的情况下,农业科技进步每提高1%,农村家庭农业人均纯收入将增加0.33%,说明农业科技进步对农村家庭农业人均纯收入有显著促进作用,能够提高农村家庭收入水平,与前面分析一致。

6.2.7 讨论

改革初期,农村家庭受文化程度、资本量、信息交流及生产投资环境的限制,家庭经营性纯收入占农村家庭纯收入比重高达87%以上。随着经济不断发展,农村家庭其他类型收入比重增加,家庭经营性纯收入所占比例逐渐下降到2015年的40.96%,但仍然占据着相当大比例,如表6-4所示。而在家庭经营性收入中又以农业生产收入为主,可见农业生产依然是农村家庭收入主要来源之一,也是四川省产业扶贫需要重点扶持的产业。

表6-4 四川省农村家庭经营性纯收入占农村家庭总纯收入比例

年份	1990	1995	2000	2005	2010	2015
比例(%)	87.29	74.29	62.73	54.87	44.49	40.96

注:比例由《中国农村统计年鉴》四川省相关年份数据整理得到。

6.3 结论

本章测得四川省1991—2015年农业科技进步率及其对农产业经济发展的贡献率,并实证分析了农业科技进步对农村家庭农业收入水平的影响,结果表明:

第一,四川省近25年农业科技进步为98.87%,其对农业产业经济贡献率为48.47%,农业经济增长方式已实现由粗放型向半集约型转变;而与北京、上海、天津等地区约60%的贡献率相比仍显落后,还需大力提升科学技术水平,推进贫困地区科研成果的使用,搞好科技服务体系和信息服务体系建设,强化产业扶贫的技术支撑。

第二，农业科技进步率每提高1%，农村家庭农业人均纯收入将增加0.33%，由于农业生产收入是农村家庭收入的主要来源之一，因此农业科技进步对农村家庭农业收入存在明显的促进作用。

综合而言，农业科技进步不但能促进农业产业发展，实现农业产业科技化，提高农村家庭农业收入水平达到直接扶贫的目的，也使农村劳动力及资金分配结构发生改变，即农村家庭在农业生产中由于技术进步而闲置的劳动力向第二、第三产业转移[1]，形成家庭收入来源多元化的格局，拓宽贫困户就业增收渠道，实现间接增收扶贫。因此推进农业产业科学技术进步，促进农业产业发展，对提高农民收入水平，实现产业扶贫行之有效。

6.4 小结

本章通过测算四川省农业科技进步率及其贡献率，并构建模型分析农业科技进步对农村人均农业纯收入的影响，发现科学技术进步不仅对农业产业发展至关重要，对提高农村家庭收入水平，实现农民增收扶贫也具有显著的促进作用。

---

[1] 张晓慧，梁海兵. 农业科技进步对农村不同部门劳动力从业影响的实证分析——基于陕西省的数据1990—2008 [J]. 农业技术经济，2011 (9)：42-49.

7 精准扶贫背景下四川省农村能源建设影响因素分析

农村能源建设是精准扶贫战略和环境保护的必然要求。一方面，农村能源建设推进了农业产业的结构调整，巩固了精准扶贫效果；另一方面，农村能源建设促进了农业产业的经济效益，从而使农民工的经济收入得到增加。同时，农村能源建设还解决了农村用能短缺矛盾，在一定程度上减少农村环境污染，有利于环境保护。本章通过分析四川省沼气建设影响因素，并由此提出建议。

7.1 四川省沼气建设基本情况

截至 2016 年年底，四川省农村户用沼气保有量 616 万口，四大贫困片区保有量为 338 万口（占总保有量的 54.8%）。其中秦巴山区户用沼气保有量为 231 万口，乌蒙山区为 64 万口，大小凉山彝区为 37 万口，高原藏区为 6 万口，其他地区保有量为 278 万口（占总保有量的 45.2%）。具体数据如图 7-1、图 7-2、图 7-3 所示。

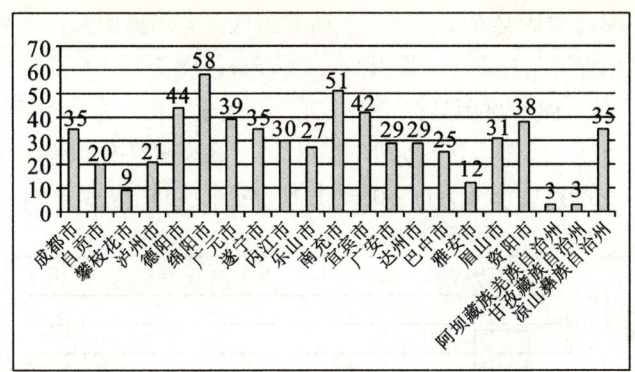

图 7-1 四川省各市州户用沼气保有量（万口）

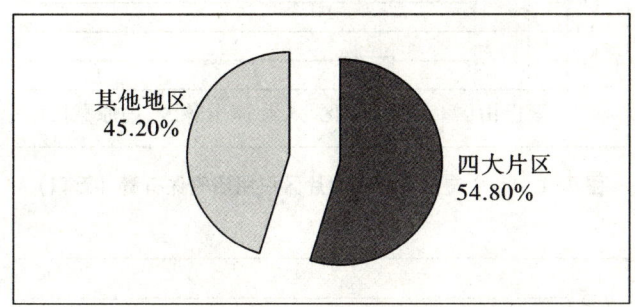

图 7-2 四川省四大贫困片区户用沼气比例（万口）

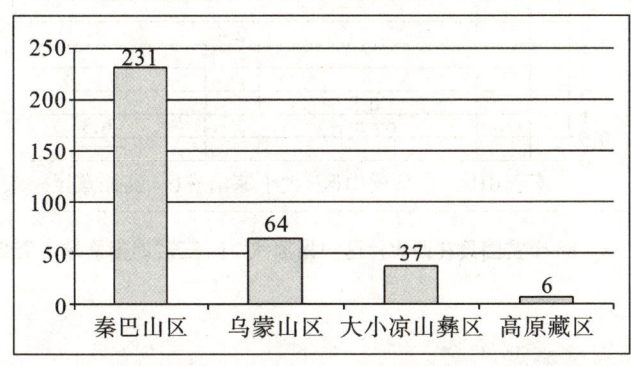

图 7-3 四川省四大贫困片区户用沼气保有量（万口）

7 精准扶贫背景下四川省农村能源建设影响因素分析

88个贫困县在秦巴山区、乌蒙山区、大小凉山彝区、高原藏区中保有量分别为136万口、23万口、18万口、6万口（见图7-4），88个贫困县在"十三五"时期建设需求为8.01万口，秦巴山区、乌蒙山区、大小凉山彝区、高原藏区分别为4.5万口、0.8万口、2.4万口、0.3万口（见图7-5）。

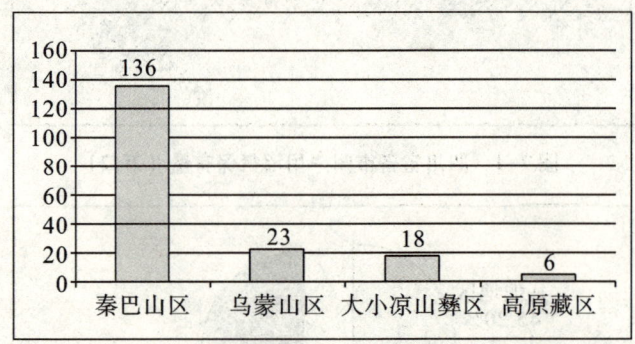

图7-4　88个贫困县在四大片区户用沼气保有量（万口）

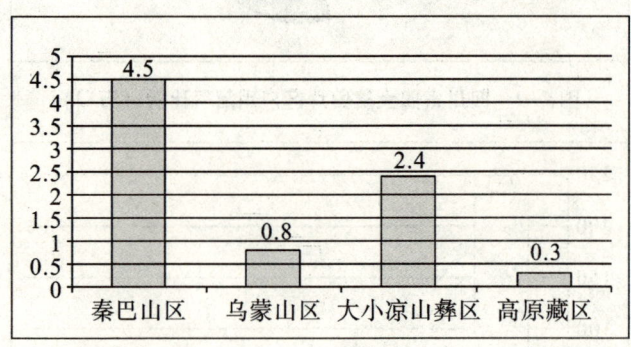

图7-5　88个贫困县在四大片区户用沼气"十三五"时期需求（万口）

7.2 四川省农村沼气新能源建设的意义

7.2.1 能源效益

在四川省，1口沼气池年均产气350 m³，相当于薪柴2.5吨或标煤0.6吨产生的能量。四川省约有616万口沼气池，年产气21.56万 m³，可替代薪柴1 540万吨或标煤370万吨。

7.2.2 经济效益

通过"三沼"（沼气、沼渣、沼液）综合利用，户用沼气同样具备良好的经济效益。1口沼气池年均产气350 m³，折合天然气费用700元；年均生产8吨沼渣有机肥，折合化肥支出180元；通过沼渣、沼液综合利用，可为农户实现增收200元，1口沼气池每年可为农户增收1 080元，全省户沼气池每年可为农户总共节支增收近50亿元。已纳入户用沼气碳减排国际项目（CDM项目）的39万户用沼气用户每年还将实现总计近1 000万元的经济收益。

7.2.3 环境卫生效益

一方面，农村沼气对生态环境的可持续发展起着重要作用，1口沼气池每年可使3.5亩林地得到保护，免受砍伐，减少水土流失4.5吨，减少二氧化碳排放8千克；全省户用沼气池每年可使2 156万亩林地得到保护，减少水土流失2 772万吨，减少二氧化碳排放4.928万吨。另一方面，农户在建池时通过实施"一池三改"（改厕、改圈、改厨），实现了门前、室内、室外的美化和亮化，人畜粪便中的虫卵通过发酵被全部杀灭，有效阻断了血吸虫等传染病的传播，农村人居环境得到有效提升，全省现已有71%农户在建池时实施了"一池三改"，相比"十一五"末提高了27.1个百分点，在彝家新寨等地区更是接近100%。

7.3 四川省沼气能源建设影响因素的分析

四川省沼气能源建设是一个包含多种影响因素的系统。本章采用四川省年总产气量衡量当年沼气能源建设的发展规模，经费投入量、沼气生产技术发展水平、各级政府支持力度以及村民们的参与积极性都对沼气能源建设有不同程度的影响。因此，在运用灰色系统理论对能源建设进行分析之前，我们须对众多的影响因素进行筛选和理论分析。具体分析如下：

沼气管理推广机构。在四川省广大农村地区进行关于沼气能源的宣传，提高村民选择沼气能源的积极性；给予当地农村沼气建设支持和管理，确保沼气能源建设的有序、安全、合理进行。

沼气生产技术发展水平。本章用每年累计的沼气生产工培训人数和沼气生产工持证人数衡量四川省每年的沼气生产技术发展水平，前者代表了沼气生产技术的积累量，后者代表了沼气生产的现实生产力。

经费投入量。资本投入是任何生产都必不可少的生产要素，四川省沼气能源建设所需的资金主要用于沼气建设的设备和各种流动资本，本章用政府拨款和用户自筹资金来衡量。

政府支持力度和用户参与积极性。政府拨款代表了政府的支持和推广力度，用户自筹资金表明了用户对沼气能源的参与积极性；这两者都在一定程度上反映了政府和用户对沼气能源的接受程度,这有利于减少沼气能源推广和建设的摩擦,加快沼气能源建设的推广。

7.4 灰色关联度分析方法

7.4.1 选择灰色系统理论关联度分析模型的合理性

灰色系统理论是用于研究数据缺乏、信息不充分、具有不确定性问题的新方法。该理论以"部分信息已知,部分信息未知"的不确定性系统为研究对象,主要通过对部分已知信息进行提炼,从而得到有价值的信息,实现对系统变化规律的揭露与有效监控。

沼气能源建设影响因素就是一个灰色系统,理由是四川省的沼气能源建设的发展态势往往是由多种因素共同作用的结果。而在这众多的影响因素中,往往因为统计数据有限或人类认识能力的局限,人们所获得的信息往往不够准确、不完全。

7.4.2 灰色关联度分析模型

灰色关联度分析的基本思路是根据各个序列曲线的几何形状的相似程度来判断其关联度的大小。曲线形状越接近,序列之间关联度就越大,反之就越小。

灰色关联度分析法的具体步骤为:

第一步,确定相关因素序列。

$$X_i = \{x_i(1), x_i(2), \cdots, x_i(n)\}, \quad i = 1, 2, \cdots, m \tag{7-1}$$

确定特征序列。

$$X_0 = \{x_0(1), x_0(2), \cdots, x_0(n)\} \tag{7-2}$$

第二步，因为参考序列的观测值和各个比较序列观测值的含义、量纲不同，为进一步进行量化研究分析，需对参考序列观测值和各个比较因素进行无量纲化处理。这里采用初值法。

$$X'_i = X_i/x_i(1) = (x'_i(1), x'_i(2), \cdots, x'_i(n)), \quad i=1,2,\cdots,m \tag{7-3}$$

第三步，求差序列。

$$\Delta_i(k) = |x'_0(k) - x'_i(k)|; \quad \Delta_i = (\Delta_i(1), \Delta_i(1), \cdots, \Delta_i(n)), \quad i=1,2,\cdots,m \tag{7-4}$$

第四步，求两级最大差与最小差。

$$M = \max_i \max_k \Delta_i(k), \quad m = \min_i \min_k \Delta_i(k) \tag{7-5}$$

第五步，求关联系数。

$$\gamma_{0i}(k) = \frac{m + \xi M}{\Delta_i(k) + \xi M}, \quad \xi \in (0,1),$$

$$k=1,2,\cdots,n; i=1,2,\cdots,m \tag{7-6}$$

第六步，计算关联度。

$$\gamma_{0i} = \frac{1}{n} \sum_{k=1}^{n} \gamma_{0i}(k), \quad i=1,2,\cdots,m \tag{7-7}$$

7.5 影响因素的实证分析

7.5.1 指标选取和来源

采用2007—2014年的年度数据进行灰色关联度分析。管理推广机构 X_1、沼气生产工培训人数 X_2、沼气生产工持证人数 X_3、政府拨款 X_4 和用户自筹资金 X_5 作为比较序列，年总产气量 X_0 作为参考序列。系统的影响因素详见表7-1。

表 7-1　　　　　　所选统计指标的数据信息

年份	年总产气量 X_0 （万立方米）	管理推广机构 X_1 （个）	沼气生产工培训人数 X_2 （人）	沼气生产工持证人数 X_3 （人）	政府拨款 X_4 （万元）	用户自筹资金 X_5 （万元）
2007	131 042.86	778	88 194	18 189	46 301.23	60 677.13
2008	132 179.180 7	724	77 454	19 931	53 092.26	74 759.64
2009	133 536.496 5	716	75 195	23 290	103 881.28	100 929.315
2010	177 109.776 8	1 066	101 456	24 056	168 741.8	90 172.57
2011	183 423.521 3	960	114 989	22 185	66 115.3	56 573.853
2012	183 464.381 7	1 009	123 644	16 140	53 974.01	53 165.87
2013	197 707.948 7	1 067	123 287	24 992	52 312.17	47 058.94
2014	203 463.477 8	1 125	138 899	25 413	32 340.66	24 160.18

数据来源：四川省农业厅农业能源办公室。

7.5.2 关联度计算

根据前面的计算步骤可得到参考序列 X_0 与相关序列 X_i 的灰色关联度。取 $\xi=0.5$ 进行计算。灰色关联度的计算结果详见表 7-2 和图 7-6。

表 7-2　　　　　灰色关联度结果

γ_{01}	γ_{02}	γ_{03}	γ_{04}	γ_{05}
0.930 0	0.929 5	0.881 2	0.730 0	0.734 6

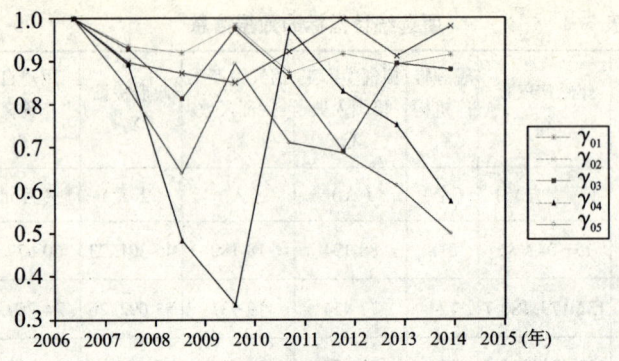

图 7-6　四川省沼气能源建设影响因素关联系数

在进行灰色关联度分析时，特征序列与各相关因素行为序列关联度的具体数值大小不重要，重要的是各关联度的大小顺序。由表 7-2 和图 7-6 可以得到，$\gamma_{01}>\gamma_{02}>\gamma_{03}>\gamma_{05}>\gamma_0$，即管理推广机构与沼气年总产气量的关联度最强，关联度为 0.930 0；其次是沼气生产技术发展水平，关联度为 0.929 5 和 0.881 2；与沼气年总产气量的关联度相对最弱的是资本投入，其中政府拨款为 0.730 0，用户自筹资金为 0.734 6。

根据上述研究，做出沼气年总产气量与管理推广机构关系图，见图 7-7。

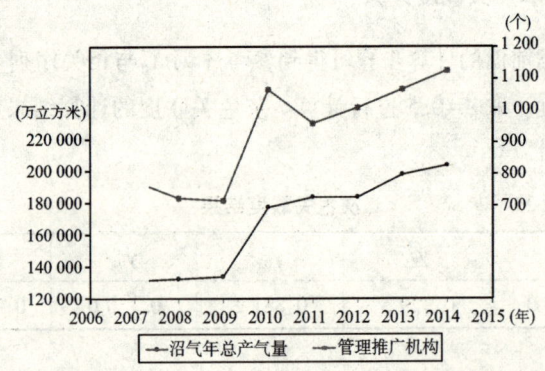

图 7-7　四川省 2007—2014 年沼气年总产气量与管理推广机构

由图7-7可以看出，管理推广机构的变化和年总产气量的变化情况与灰色关联度分析结果相一致，两者具有高度的联动性。管理推广机构的设立对四川省沼气能源建设有积极的推动作用。

由图7-8 四川省2007—2014年沼气年总产气量与沼气生产发展水平可以发现，沼气生产工培训人数和持证人数是推动沼气能源建设的重要因素，沼气生产工积累量越大，对年总沼气生产量的扩大作用越显著。

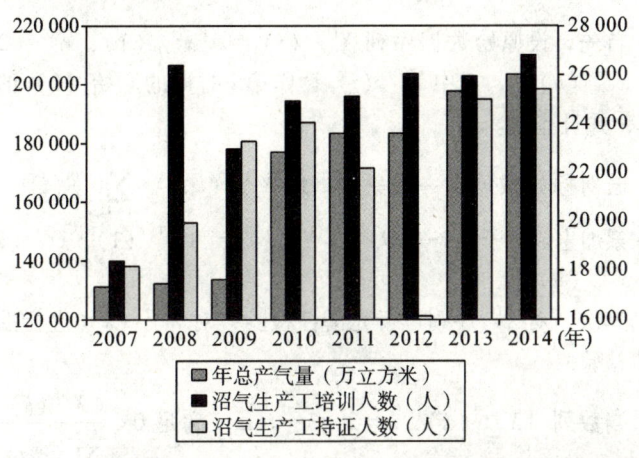

图7-8 四川省2007—2014年沼气年总产气量与沼气生产发展水平

7.5.3 结果

第一，管理推广机构作为政府在四川省沼气能源建设中的参与者，对沼气能源的推广、使用和建设各环节都起到了至关重要的作用。

第二，沼气生产技术发展水平与年总产气量的关联度很高，说明沼气生产技术是发展沼气能源建设的又一要素。

第三，政府财政拨款和用户自筹资金与年总产气量的关联度在所选择的影响因素中关联度相对不强,说明沼气能源建设并不是一个资金密集型工程,沼气能源建设主要由生产技术推动。

7.6 四川省沼气能源建设影响因素的灰色预测

7.6.1 数据生成

首先,设原始数据序列 $X^{(0)}(i) = \{x^{(0)}(1), x^{(0)}(2), \cdots, x^{(0)}(n)\}$,式中 $X^{(0)}(i)$ 读作第 i 时期的原始(0)的数据 x,并且非负。

若对原始数据做一次累加,用 $X^{(1)}(k) = \sum_{i=1}^{k} x^{(0)}(i)$,得一次累加生成算子(1-$AGO$):$X^{(1)}(k) = \{x^{(1)}(1), x^{(1)}(2), \cdots, x^{(1)}(n)\}$。

其次,对 $X^{(0)}$ 序列进行光滑性检验,对 $X^{(1)}(k)$ 进行准指数律检验。

当数列 $\{X^{(0)}(k), k = 2, 3\cdots, n\}$ 满足 $0 < \dfrac{X^{(0)}(k)}{\sum\limits_{i=1}^{k-1} X^{(0)}(i)} = \dfrac{X^{(0)}(k)}{X^{(1)}(k-1)} < 1$ 时,$X^{(0)}(t)$ 从 k 以后为光滑数据。

当数列 $\{X^{(1)}(k), k = 2, 3\cdots, n\}$,记 $m^{(1)}(k) = \dfrac{x^{(1)}(k)}{x^{(1)}(k-1)}$,当 $m(1)(k) \in [1, 1.5]$ 时,绝对灰度 $\delta = 0.5$,则称 $X^{(1)}(t)$ 从 k 以后满足准指数律。

7.6.2 预测模型的建立

首先,对 $x^{(1)}$ 做紧邻均值生成:

$$z^{(1)}(k) = \frac{1}{2}[x^{(1)}(k) + x^{(1)}(k-1)], \quad k=1, 2, \cdots, n$$

其次，对于灰色微分方程 $x^{(0)}(k) + az^{(1)}(k) = b$ 或者其白化方程 $\frac{dx^{(1)}}{dt} + ax^{(1)} = b$ 为 GM（1，1）模型。a, b 通过最小二乘法估计 $[a, b]^T = (B^T B)^{-1} B^T Y$，其中 Y, B 分别为：

$$Y = \begin{bmatrix} x^{(0)}(2) \\ x^{(0)}(3) \\ \cdots \\ x^{(0)}(n) \end{bmatrix}, B = \begin{bmatrix} -z^{(1)}(2) & 1 \\ -z^{(1)}(3) & 1 \\ \cdots & \cdots \\ -z^{(1)}(n) & 1 \end{bmatrix} \tag{7-8}$$

再次，确定预测模型及时间响应式：

$$\hat{x}^{(1)}(k+1) = (x^{(0)}(1) - \frac{b}{a})e^{-ak} + \frac{b}{a} \tag{7-9}$$

最后，预测值还原，将所得数据 $\hat{x}^{(1)}(k+1)$ 还原为 $\hat{x}^{(0)}(k+1)$：

$$\hat{x}^{(0)}(k) = \hat{x}^{(1)}(k) - \hat{x}^{(1)}(k-1) \tag{7-10}$$

7.6.3 精度检验

对于建立的 GM（1，1）模型是否精确，一般要经过相对误差检验、均方差比值检验法和小误差概率检验。这三种方法都是通过对残差的考察来判断模型的精度，其中平均相对误差和均方差比值要求越小越好，小误差概率越大越好。

7.6.3.1 相对误差检验法

残差序列 $\varepsilon^{(0)} = (\varepsilon(1), \varepsilon(2), \cdots, \varepsilon(n))$，其中 $\varepsilon(k) = x^{(0)}(k) - \hat{x}^{(0)}(k)$。

相对误差：对于 $k<n$，称 $\Delta = \frac{\varepsilon(k)}{x^{(0)}(k)}$ 为 k 点模拟相对误差。

7.6.3.2 均方差比值检验法

设原始序列 X（k）及残差序列 $\varepsilon^{(0)}$ 的方差分别为 S_1^2 和

S_2^2，即：

$$S_1^2 = \frac{1}{n}\sum_{k=1}^{n}(x^{(0)}(k)-\bar{x})^2, \quad S_2^2 = \frac{1}{n}\sum_{k=1}^{n}(\varepsilon(k)-\bar{\varepsilon})^2 \tag{7-11}$$

则称 $C = \dfrac{S_2}{S_1}$ 称为均值方差比。

7.6.3.3 小误差概率

$$p = P\{|\varepsilon(K)-\bar{\varepsilon}| \leqslant 0.674\,5S_1\} \tag{7-12}$$

表 7-3 为精度检验等级参照表。

表 7-3　精度检验等级参照表

精度等级	指标临界值		
	相对误差 Δ	均方差比值 C_0	小误差概率 p_0
一级	0.01	0.35	0.95
二级	0.05	0.50	0.80
三级	0.10	0.65	0.70
四级	0.20	0.80	0.60

按照上述步骤对沼气年总产气量 X_0 进行光滑性和灰指数律检验，发现 2009—2014 年的观测值满足条件，即选择 2009—2014 年的数据为基础进行沼气总产量预测。预测结果见表 7-4。

表 7-4　未来 3 年四川省沼气年总产气量预测　单位：万立方米

年份	2015	2016	2017
总产气量	210 088.323 2	217 717.174 1	225 623.048 3

四川省沼气年总产气量预测误差分析如表 7-5 所示。

表 7-5　　　　　　　预测误差分析

平均相对误差 $\bar{\Delta}$	0.011 4	二级
均值方差比 C	0.011 9	一级
小误差概率 p	1	一级

从表 7-5 可以看出，四川省沼气能源建设预测模型精度良好，其中小误差概率检验结果和均值方差比检验结果均为一级，平均相对误差的检验结果为二级，说明通过该模型得到的预测结果可信度较高。

从表 7-4 的预测结果可以看出，四川省沼气年总产气量稳中有升，逐年增加。这一结果说明四川省沼气能源建设的影响要素数值将稳步增加，从而推动沼气能源建设，增加年总产气量。

7.7　建议

本章采用灰色系统理论中的灰色关联度分析方法分析了四川省沼气能源建设影响因素，从众多影响因素中得出管理推广机构和沼气生产技术发展水平是影响四川省沼气能源建设的主要因素。为了推动四川省沼气能源建设的快速发展，本书提出以下建议：

第一，加大政府在沼气能源建设方面的投入。管理推广机构在沼气能源建设中具有积极作用，应该加强管理机构的建设，提高管理推广机构区域覆盖的效率。同时，提高管理推广机构的服务水平。

第二，加强沼气生产工培训，完善相关技术人员管理和鉴定制度。沼气能源建设需要专业技术的支撑，增加专业沼气生产工培训人数能够增加沼气的生产。

第三，设立沼气能源建设专项资金，加大政府投入力度。沼气能源建设具有规模效应，推动沼气能源建设需要大量资金投入。随着能源建设深入，单位能源的生产所需的资金投入将会减少；政府的投入能够带动用户的积极性，共同推动能源建设。

7.8 小结

农村能源建设是精准扶贫战略和环境保护的必然要求。一方面，农村能源建设推进了农业产业的结构调整，巩固了精准扶贫效果；另一方面，农村能源建设促进了农业产业的经济效益，从而使农民工的经济收入得到提高。同时，农村能源建设还解决了农村用能短缺矛盾，在一定程度上减少了农村环境污染，有利于环境保护。管理推广机构作为政府在四川省沼气能源建设中的参与者，在沼气能源的推广、使用和建设各环节都起到了至关重要的作用；沼气生产技术发展水平与年总产气量的关联度很高，技术是发展的根本；政府财政拨款和用户自筹资金与年总产气量的关联度在所选择的影响因素中关联度相对不强，说明沼气能源建设并不是一个资金密集型工程，沼气能源建设主要由生产技术推动。

8 互联网对四川省农业产业的促进作用

本章从互联网技术、互联网平台、互联网思维和网络效应4个维度①分析了互联网对中国全要素生产率的作用。本章采用2002—2015年浙江省、江苏省、湖北省、湖南省、四川省和贵州省省级面板数据进行实证分析，发现互联网对农业全要素生产率具有显著的促进作用。本章最后结合中国的实际情况给出了加快建设互联网基础工程，加快"互联网+"战略在农业产业中落地以及加强互联网时代农业政策创新等建议。

8.1 引言

近几年来，越来越多的国家和地区推出了互联网战略，把建设高速、普惠的互联网作为提升国家核心竞争力的重要举措。目前，已有148个国家和地区制定了宽带或互联网战略（ITU and UNESCO，2015）。中国政府先后提出了"宽带中国"战略

---

① 注：本章的理论基础源于郭家亮和骆品亮的理论成果（郭家高，骆品亮. 互联网对中国全要素生产率有促进作用吗？[J]. 管理世界，2016（10）：34-49.）。

和"互联网+"行动计划，不再简单地强调以互联网为代表的信息产业总产值对生产总值占比的重要性，而是更加希望借助互联网来推动传统产业的转型升级；以互联网为平台，利用现代通信技术，将互联网与传统行业结合，创造一种新的商业生态。在中国，互联网正在深刻地改变传统产业的价值创造方式，重塑产业组织形态和产业竞争格局，互联网思维正成为企业变革与产业升级的哲学思想。

然而，早在1987年，诺贝尔经济学奖获得者索洛（Robert Solow）就注意到美国产业界普遍存在一种奇怪现象：尽管美国在信息技术上投入了大量的资源，但是这些投入对生产率的作用甚微。索洛（1987）进而提出著名的"索洛悖论"：除了生产率以外，计算机的作用无处不在。

此后，"索洛悖论"受到各方面的密切关注，许多学者相继投入到信息技术与经济增长关系的研究当中，对"索洛悖论"给予多角度的解释（姜建强、乔延清等，2002），但绝大部分学者认为计算机对产业、经济特别是生产率提升的作用效果需要相对较长的时间方能显现出来，索洛的观点过于草率。

从目前互联网发展对经济贡献以及各国政府对互联网的重视程度来看，索洛在做出上述论断时显然未能预见到"连接经济"的能量——当世界上的计算机相互连接时可以构成一个区域性甚至全球性的网络，这个网络可以加速信息的传播，有利于新技术、新发明和新组织的扩散，并与经济体中的其他产业相融合，改变整个经济系统的运行规则。更为重要的是，这个网络还有一种魔力——网络效应，在网络达到临界规模后它对经济系统的作用会在瞬间被放大。

本章在回顾既有研究的基础上，从互联网技术、互联网平台、互联网思维和网络效应4个维度分析了互联网对全要素生产率的作用方式，采用2002—2014年中国省级面板数据进行实证分析，得出了互联网发展水平（ID）对我国农业全要素生产率有显著影响，互联网水平每增加 1 个单位，农业全要素生产率的增长率就增加 0.351 7 个单位；城市化（Urban）、国有企业改革（NER）和对外开放（DFI）对农业全要素生产率影响不显著。

8.2　文献回顾

8.2.1　关于电信基础设施投资与经济增长关系的研究

由于早期各国政府在统计数据时都将互联网建设的相关数据纳入电信基础设施建设中，与"互联网与经济增长关系"研究最为紧密的文献是关于电信基础设施投资与经济增长关系方面的文献，这些研究为后来的互联网与经济增长关系研究提供了许多可借鉴的方法，如网络效应的测算等。Datta 和 Agarwal（2004）使用 OECD 成员的面板数据研究发现电信基础设施显著促进了这些国家的经济增长。Madden 和 Savage（2000）认为电信基础设施在转型国家经济发展中发挥着重要作用。Roller 和 Waverman（2011）进一步利用 OECD 成员面板数据研究了网络效应问题，发现固定电话普及率超过临界值后对经济增长的作用变得更大。刘生龙、胡鞍钢（2010）基于 1988—2007 年中国省级面板数据的实证研究，发现信息基础设施对中国的经济增长有着显著的溢出效应。郑世林、周黎安等（2014）研究发现，1999 年以前移动电话和固定电话基础设施的发展共同促进了中国的经济增长；2000 年以后，移动电话基础设施对中国经济增长贡献逐渐递减，而固定电话基础设施对中国经济增长则呈现负向影响。

8.2.2　关于互联网与经济发展关系的研究

随着互联网的不断发展，衡量互联网发展水平的网站数量、用户人口比例、宽带端口数量等具体数据不断丰富，互联网与经济增长关系的实证研究成果逐渐丰富。从研究对象和使用数据看，这些研究可以分为两大类：一个是讨论互联网对地区经济增长的影响，另一个是讨论互联网对行业或部门的影响。

8.2.2.1　互联网对地区经济增长影响的研究

这类研究从宏观数据出发分析互联网如何影响地区的经济增长，集中讨论了三大问题：互联网能否促进经济增长，互联网在促进经济增长方面是否存在地区差异，互联网对经济的作用是否存在网络效应。

对于第一个问题的研究，结论比较统一，普遍认为互联网能显著促进经济增长。Czernich 和 Falck 等（2011）使用 OECD 成员 1996—2007 年的数据，研究发现：互联网普及率每提高 10%，人均生产总值年增长率增加 0.9%~1.5%。Koutroumpis（2009）使用欧洲国家 2003—2006 年的数据进行研究，发现互联网对经济增长有显著促进作用。Chu（2013）运用 201 个国家和地区的数据研究发现，互联网渗透率提高 10%，人均生产总值可以提高 0.57%~0.63%。韩宝国和朱平芳（2014）采用中国 2000—2011 年省际面板数据研究发现，中国宽带互联网渗透率每增加 10%，能带动人均生产总值增长率约 0.19 个百分点。何仲和吴梓栋等（2013）估算得出，中国宽带渗透率提高 10%，将带动中国国民经济提升 0.424%。此外，林娟、汪明峰（2014），张越、李琪（2008）从资源的角度研究了互联网与经济发展的关系。

关于第二个问题的研究结论存在着一些差异。Jung（2014）

以巴西2007—2011年的州际数据研究发现，互联网对巴西落后地区的经济促进作用更加明显。但是韩宝国和朱平芳（2014）在分析中国的省份地区差异问题时，却得出了与Jung（2014）相反的结论，他们发现虽然中国的中部、西部地区宽带渗透率总体比较接近，但宽带（互联网）对西部地区经济的总体推动作用是不明显的。Jung（2014）的解释是落后地区通常存在着要素禀赋不足、自然资源匮乏等问题，互联网为这些地区经济发展提供了一种新的重要资源；而韩宝国和朱平芳（2014）则认为，由于中国西部地区信息化应用的水平较低，导致互联网在西部地区的作用无法充分发挥。

关于第三个问题的研究实际上是互联网对经济增长的影响是否为非线性的问题。Koutroumpis（2009）、韩宝国和朱平芳（2014）根据互联网普及率对样本按区间进行划分，设立虚拟变量进行回归，考察互联网的网络效应，他们选择的一个关键普及率水平都是10%，得出的结论都认为互联网存在着网络效应。李立威和景峰（2013）也做了类似的研究，他们发现互联网对中国经济增长的促进作用在2007年以后逐渐显著，但是他们未从网络效应的角度予以解释，而是认为这是互联网累积效应和滞后效应（滞后期达到2~5年）的作用结果。

8.2.2.2 互联网对行业或部门影响的研究

这些研究以产业或经济部门的数据为基础，重点讨论互联网对具体行业或部门的影响。其中，就业、金融、国际贸易是这类研究重点关注的三大话题。

在互联网与就业关系研究方面，Stevenson（2009）发现互联网为劳动力市场提供了更加对称性的信息，失业者重新就业的机会增加了，就业者跳槽的机会也在增加，因而互联网加大了劳动力市场的流动性。Kuhn和Skuterud（2010）研究了美国劳动力市场上互联网与失业时间长短的关系，发现失业者通过互联网可以更加容易实现再就业。

在互联网与金融研究方面，Sato 和 Hawkins（2001）研究了互联网企业对传统银行的挑战问题，认为互联网企业有可能打破银行对客户信息的垄断，通过智能管理为客户提供更好的服务。谢平、邹传伟等（2015）认为，互联网给金融带来的影响是深远的，不能简单地把互联网看作一个在金融活动中仅处于辅助地位的技术平台或工具。李炳、赵阳（2014）认为互联网金融通过提高资金配置效率、提升金融系统的基本功能促进了经济增长。

互联网与国际贸易研究方面，Vemuri 和 Siddiqi（2009）研究发现互联网与贸易之间有着正向关系。Clarke 和 Wallsten（2006）得到了类似的观点，并发现互联网对发展中国家贸易的作用更大，与 Meijers（2014）的观点一致。施炳展（2016）研究发现互联网提升了中国企业出口价值量，认为互联网作为信息平台可以降低交易成本、扩大交易规模、优化资源配置水平。

8.2.3 关于全要素生产率影响因素的研究

全要生产率及其增长的决定因素是学术界的热点研究问题，其中广受关注的因素有金融发展、国际贸易、研发（如 R&D）、基础设施、人力资本等。

金融发展方面，Jeanneney 和 Hua 等（2006）研究发现金融对全要素生产率有显著促进作用，这种作用通过技术效率的提高来实现。张军、金煜（2005）研究发现在 1987—2001 年中国金融深化与生产率增长之间呈显著的正相关关系。

国际贸易方面，Coe 和 Helpman（1995）采用 OECD 成员和以色列 1971—1990 年的跨国面板数据实证研究发现，贸易伙伴国 R&D 投入有助于提高本国的全要素生产率。许培源（2012）在考虑了经济发展水平、对外开放程度和人力资本等"门槛效应"问题后对 FDI 的经济作用做了详实的研究。

研发（如 R&D）方面，Griffith 和 Redding 等（2000）基于 OECD 成员的数据，研究发现 R&D 通过创新和技术转移两个路径促进了全要素生产率的增长。余泳泽、张先轸（2015）对适宜性创新模式选择与全要素生产率提升做了理论模型分析和实证检验。

基础设施方面，Hulten 和 Bennathan 等（2006）研究了印度基础设施建设与（制造业）全要素生产率的正向关系。刘生龙、胡鞍钢（2010）研究了 1988—2007 年交通、能源和信息基础设施对我国全要素生产率的溢出效应。

人力资本方面，Barro（1991）认为人力资本是技术从创新国扩散到模仿国的重要推动力量。Ben-habib 和 Spiegel（1994）的研究表明全要素生产率的增长依赖于人力资本存量水平。

通过以上文献梳理，可以发现国内外学者应用多种分析方法或数据从不同角度考察了电信基础设施或互联网对经济增长的影响，得出了富有启发性的研究结论。但也留下了一个明显的遗憾：大部分学者在研究互联网与经济增长的关系中对经济增长变量的选择都采用生产总值指标，研究更多关注的是互联网与产出数量的关系，没有直接反映互联网与经济增长质量的关系。也就是说，目前尚缺乏关于互联网对全要素生产率作用关系的系统研究。那么，互联网对全要素生产率有作用吗？如果有，这种作用是通过促进技术进步来实现，还是通过提高技术效率或其他途径来实现的？再进一步，这些作用是否具有持久性？

8.3 分析与推论

近几年来，互联网对中国的居民生活、企业经营和社会经济活动都产生了重大的影响，其对经济的作用不仅表现为互联网产业产值在生产总值中的比重，更多的是体现在互联网对经济提质增效的作用上，即对全要素生产率的影响方面。新古典经济增长理论认为，全要素生产率的增长是经济持续增长的重要源泉。索洛（1957）首先提出了将技术因素纳入经济增长的理论模型，开创了全要素生产率测算的先河。此后，全要素生产率成为衡量一国经济增长质量的重要指标（索洛悖论中的生产率指的便是全要素生产率）。Farrell（1957）进一步将全要素生产率分解为技术进步变化和技术效率变化。互联网已经成为大部分国家生产和生活的通用技术（Czernich & Falck, et al., 2011；Chu, 2013），改变了许多经济部门的生产方式，并触发了许多互补性发明的链式反应，产生长期的产业波及效应。互联网对经济的影响已经超越了信息技术本身，成为一国国民经济运行的平台，影响着人们对商业世界的认识。互联网具有与其他信息技术一样的网络效应特征，它对经济的影响会随着普及率的增加而放大。因此，互联网将从互联网技术、互联网平台、互联网思维3个路径直接作用于技术进步和技术效率，并最终影响全要素生产率的增长，而这些作用同时受网络效应的调节作用，如图8-1所示。

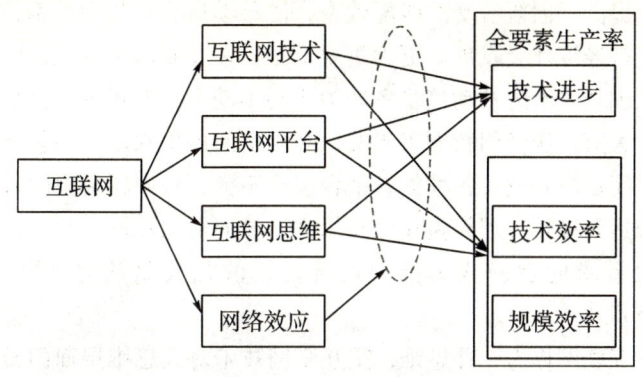

图 8-1 互联网对全要素生产率影响方式

8.3.1 互联网对技术进步的影响分析

互联网作为一种技术,使信息得以在全球高速地传播与整合。内生增长理论将经济增长的重要动力归结于全社会知识积累所支撑的各领域的创新活动（Romer,1989;Barro,1991;Barro & Lee,1994;Benhabib & Spiegel,1994）,而信息的生产和传播效率对全社会知识的积累至关重要。互联网可以突破时空限制,对分布式信息进行处理和整合,每一经济个体都可以通过互联网享用已有的信息,并对信息进行理解、诠释和再加工,在信息分享和倍增的过程中,全社会的人力资本不断积累,推动了人类社会的技术进步（Czernich & Falck, et al.,2011;韩宝国、朱平芳,2014）。互联网作为一个平台,消费者、企业、科研院校通过互联网紧密结合,经济体的创新模式发生了巨大改变。传统研发中,企业热衷于面向解决生产问题的技术开发,而科研院校侧重于探寻基本规律的科学研究（王元丰,2014）,两者之间难以进行有效沟通,因此出现"脱节""两张皮"现象。而互联网为创新的供给者和需求者提供了零距离接触的平台，提高了创新活动的匹配效率，使科学迅速转化为技术，进而支持经济社会发展。更为重要的是，在互联网平台上，消费者从创新技术的被动接受者转为主动推动者，创新主体由小众转为大众，迭代创新方兴未艾，众创空间风生水起；创新组织由封闭走向开放，各种创新平台层出不穷，对创新资源的有机整合达到极致；创新模式由技术推动转向需求拉动，为满足个性化需求的创新成为推动经济发展的强大驱动力（顾瑨，2015）。

互联网作为一种思维，是互联网技术对人思维层面的凝练和升华（喻思耍，2014），目前虽无权威定义，但已经取得了一些共识。《国务院关于积极推进"互联网+"行动的指导意见》（后文简称《"互联网+"指导意见》）将"开放、共享"作为行动的基本原则，李海舰、田跃新等（2014）将"开放、平等、协作、共享"的精神作为互联网思维的一个维度。Durlauf 和 Fafchamps（2005）将信息共享（Information Sharing）、群体认同（Group Identity）以及团队合作（Community Cooperation）作为社会资本的3个核心特征。可见，从社会学角度看，互联网思维体现了一种社会资本。社会资本理论学派（Knack & Keefer，1997；Akcomak & Weel，2009）认为，良好的社会资本（如协作、共享等）有助于社会组织效率的发挥，也是经济增长的源泉之一。其作用机理是，由于创新活动具有较高的不确定性，而资本家通常是风险规避的，因而信息不对称所引发的道德风险与逆向选择导致研发投资不足；而当一个经济体的社会资本越高，越有利于促进风险投资家和研发人员之间的合作，从而推动创新进程，促进技术进步（Akcomak & Weel，2009；严成樑，2012）。

综上所述，互联网总体上对技术进步起到正向的作用（见表8-1），随着互联网发展水平的提高，一个国家或地区的技术将得到有效的提升。中国互联网络信息中心（CNNIC）的统计报告显示，2002—2015年，中国的互联网经济取得了突破式发展，网站数量扩大了11.38倍，宽带出口扩大了574.87倍，网民规模扩大了11.67倍。截至2015年年底，中国内地互联网有2 122.96亿个网页（共计13 798.41GB信息），每天有5.66亿居民使用互联网搜索引擎获取信息。此外，互联网为中国的对外交流提供了新的途径，有效地缩小了中国与发达国家的技术差距。目前普遍认为，以"物联网、云计算、工业4.0"为标志的第六次技术革命浪潮的核心国家和地区是美国、欧洲、日本和中国（贾根良，2016），而中国是唯一的发展中国家。

表8-1　互联网对技术进步的作用方式及其效果

	作用方式		效果
互联网技术	信息跨时空传播→前沿技术溢出效应		正
	分布式信息的处理与整合→信息倍增→人力资本积累		正
互联网平台	构建了包括消费者、企业、科研院校三位一体的创新网络→提升科技成果转化效率		正
	创新主体多元化特别是用户参与创新； 产业链中创新资源的共享与整合； 创新由封闭式的组织内部转向开放的众创空间； 创新中供需双方直接对接	→	加快研发速度，提高成功率	正
互联网思维	信息共享、群体认同、团队合作→社会资本积累→促成研发合作		正

推论1：互联网作为一种技术、一个平台、一种思维，对技术进步都有着不可忽视的正向作用，即互联网对农业技术进步具有促进作用。

8.3.2 互联网对技术效率的影响分析

市场中信息通常是不对称的，因此会造成市场交易双方的利益失衡，影响社会公平、公正以及市场配置资源的效率（Akerlof，1970）。互联网加快了信息的流动速度，降低了信息传递的成本，打破了信息不对称的壁垒，提高了效率（林毅夫、董先安，2003；罗珉、李亮宇，2015）。Stevenson（2009）、Kuhn和Skuterud（2010）等学者以劳动力市场上失业者为调查对象，发现互联网为劳动力市场提供了更加对称性的信息，失业者重新就业的机会增加了，已就业者的跳槽机会也在增加。企业利用互联网获取、传递信息的准确性和及时性大大提高，决策效率显著提升。交易中，供需双方信息更加对称，降低了交易成本，缓解了市场失衡矛盾（韩先锋、惠宁等，2014）。

平台是互联网经济最典型的商业模式。互联网的跨时空性使得平台的边界被无限扩大，成为传统经济中一个便捷的交易平台，因而原来通过传统方式进行的交易活动演变成通过互联网平台来完成（林毅夫、董先安，2003）。平台的存在源于现实经济中科斯定理的失灵（Failure of Coase Theorem）（Rochet & Tirole，2006）。科斯定理表明，如果产权明晰且可交易，在交易费用为零和信息对称的条件下，无论是否存在外部性，交易双方协调的最终结果都将是帕累托有效的。然而，现实世界中却到处存在着交易费用和信息不对称等"摩擦力"，交易中的外部性因此无法得到有效解决。平台一方面减轻了经济交易中的"摩擦力"，另一方面将经济交易中的外部性内部化，提高经济运行的效率。价格结构调整是平台将外部性进行内部化的主要方式，平台商通过双边用户之间价格结构的调整来内部化双边用户交易中的外部性（Rochet & Tirole，2006），显著提高双边用户的成交概率和交易匹配效率。

然而，互联网平台的广泛应用也为经济带来了新的挑战——产业的垄断更加普遍（徐晶卉，2015；杨青，2015）。资金流、物流和信息流是商业运行最核心的流量，在互联网平台上，资金流和物流都可以转化为信息流，使得信息可以映射到商业的各个环节（罗珉、李亮宇，2015）。传统产业在"互联网+"的过程中越来越具有互联网的"成本次可加性（Cost Sub Additivity）"特质，形成垄断的可能性大大提高。同时，互联网平台交叉网络外部性的存在也会使得用户对平台优劣的评价很大程度上依赖于平台上另一端用户数量的多少，产生用户集聚效应，反过来加大了平台垄断的可能性（徐晶卉，2015）。虽然，对企业个体而言，这种垄断地位也许并不长久，很快会被掌握新一代产品或技术的企业所取代（杨青，2015），但是从宏观层面看，产业内总会有这样具有垄断势力的企业存在（经常不是同一家企业），从而不利于技术效率的发挥。例如，其他边缘企业低于有效生产规模（MES）运行，而垄断企业规模过大产生规模不经济。

从生产者的角度看，互联网思维是对互联网时代的企业经营理念的概括，用户思维、简约思维、极致思维、迭代思维、社会化思维等思维方法（赵大伟，2014）表面上看是企业商业模式的改变，实际上更多是消费者的个性化诉求在互联网作用下的显现。在工业经济时代，消费者缺乏表达诉求的渠道，厂商将消费者同质化对待，从规模经济中获利，技术是厂商获得经济租金的隔绝机制。在互联网时代，消费者根据不同的偏好组成不同的产品网络"社群"。"社群"成了企业获得经济租金的主要隔绝机制（罗珉、李亮宇，2015），企业趋向于从"长尾用户"中获利，从为用户提供"增值服务"中获利，这些商业模式虽有获利的空间却不利于发挥规模经济的作用。产品"社群"的粉丝在追求产品独特性时也会反过来要求企业限制产品规模，社群经济是规模经济的对立面（罗珉、李亮宇，2015）。更为重要的是，在互联网导入传统产业初期，大数据、云计算和3D打印等能满足定制化生产的技术还远未普及，生产中将会出现"老工厂"用大规模的标准化生产设备，通过尽可能提供多样化产品的手段来甄别消费者个性化偏好的现象（吴义爽、盛亚等，2016），导致大规模生产设备的技术效率低下。

由此可见，互联网对技术效率既有促进作用也有抑制作用（见表8-2），需要结合目前中国的具体情况加以分析。中国经济社会近几年来一个明显的现象是互联网企业以跨界者的姿态不停地对传统产业发起挑战，互联网给中国的经济带来的是一种"破坏性创新"。熊彼特的破坏性创新经济增长理论认为，基于技术进步的经济增长的过程并不是线性的，其中充斥着各种冲突，包括新技术对旧技术的淘汰，基于旧技术建立起来的生产设备、组织结构无法适应新技术的生产力等。同时，中国的传统企业运用互联网的意识和能力还不高，互联网企业对传统产业理解也不够深入，新业态发展面临着体制机制障碍。为此，我们初步判断，中国正处于互联网导入传统产业的初期，互联网对技术效率的抑制作用大于促进作用。基于此，本书提出如下研究假设。

表8-2　互联网对技术效率的作用方式及其效果

	作用方式	效果
互联网技术	打破信息不对称→提高决策效率、减少交易成本→优化资源配置	正
互联网平台	降低交易成本、提高匹配效率、解决交易外部性问题→提高交易效率	正
	产品信息化、平台网络效应→产品边际成本递减、用户集聚→垄断成为常态→不利于效率发挥	负

表8-2(续)

	作用方式	效果
互联网思维	社群出现→消费者个性化需求显现→盈利模式改变→长尾经济思维、服务化思维→不利于规模经济	负
	标准化的生产设备和多样化的需求之间的冲突→不利于效率发挥	负

推论2：中国正处于互联网导入传统产业的初期，互联网给传统产业带来的是一种破坏性创新，互联网对技术效率的抑制作用大于促进作用，即目前互联网对农业技术效率有着抑制作用。

8.3.3　互联网对中国全要素生产率的总体影响分析

技术进步和技术效率共同作用于全要素生产率。为判断互联网对中国全要素生产率的总体影响，我们需要分析中国全要素生产率到底是技术进步主导型的还是技术效率改善主导型。大部分研究（Jeanneney & Hua, et al., 2006；傅勇、白龙，2009）的结论认为中国的全要素生产率增长主要是靠技术进步来推动的。

推论3：中国的全要素生产率增长属于技术进步推动型，互联网通过对技术进步的促进作用提升了中国的全要素生产率，即互联网对中国农业全要素生产率也具有促进作用。

与高速公路等交通基础设施不同的是，信息高速公路——互联网具有显著的网络效应（Katz & Shapiro，1985）。Roller和Waverman（2011）研究发现，在OECD成员固定电话普及率达到40%是网络效应发挥作用的临界规模。Koutroumpis（2009）研究发现，20%互联网普及率极有可能是欧盟国家互联网网络效应发挥作用的临界规模。韩宝国和朱平芳（2014）的研究发现，中国的宽带网普及率达到10%便可检测到网络效应的存在。中国互联网普及率在2006年年末达到10.42%，在2012年超过了40%，在2008年中国31个省份的互联网普及率都超过了10%。因此，我们初步判断互联网对中国全要素生产率作用的网络效应已经显现。

推论4：由于存在网络效应，互联网对全要素生产率的作用会随着互联网发展水平的提高越来越明显，即互联网对中国农业全要素生产率的促进作用是非线性的。

8.4 变量定义与数据说明

8.4.1 研究样本与数据来源

根据行政区域的划分，考虑到数据的可获得性和地区社会经济发展的不平衡等因素，本书分别在我国东部、中部和西部各选两个省作为研究样本，他们依次是浙江省、江苏省、湖北省、湖南省、四川省和贵州省，共6个省份。样本时间为2002—2015年，所选数据均来源于国家数据网、各省份统计年鉴、国民经济和社会发展统计公报。

8.4.2 变量定义

8.4.2.1 被解释变量：农业全要素生产率（TFP）

关于全要素生产率的研究，最早是采用索洛余值法。基本思路是：基于既定的生产函数建立经济增长核算方程，求得经济增长率中扣除劳动和资本投入对经济增长率的贡献部分而剩下的部分就是全要素生产率，又称"索洛余值"。但采用此方法的研究需要预先设立生产函数，增加了模型设定错误和主观因素的影响。因此,如何客观准确地测量出全要素生产率是本章实证研究得出有效结果的关键。

本章采用非参数的 DEA-Malmquist 指数方法对我国农业全要素生产率进行测算,此方法不依赖生产函数和样本量纲就能得出较为稳健的结果;使用 DEA 方法构建的 Malmquist 生产率指数可度量农业动态生产效率,具体包括全要素生产率变化指数(TFPCH)、技术进步变化指数(TECHCH)和技术效率变化指标(EFFCH),为进一步分析原因提供依据。选取第一产业从业人员数量和第一产业资本存量作为投入变量,第一产业实际生产总值作为产出变量,运用 DEAP2.1 软件计算 2002—2015 年我国 6 省份农业的 Malmquist 生产率指数。我国 6 省份农业 DEA-Malmquist 指数测算结果和 TFP 增长率走势分别见表 8-3 和图 8-2。

(1)估算资本存量。

农业资本存量的估算采用永续盘存法(PIS)。数学表达式如下:

$$K = \frac{I}{P} - (1-\delta) K_{-1} \qquad (8-1)$$

其中,K 为现期资本存量,K_{-1} 为上一期的资本存量,I 为固定资产投资,P 为固定资产投资指数,δ 为固定资产折旧率。

参考大量关于资本存量的研究文献,将固定资产折旧率 δ 定为 5%,以各省份 2000 年固定资产投资作为各省份资本存量基期,计算各省份资本存量。假定各省份第一产业生产总值与各省份经济生产总值的比例等于各省份农业资本存量与各省份资本存量的比例,计算各省份农业资本存量。

(2)农产业劳动力存量。

农产业劳动力存量由第一产业从业人员来衡量。

8 互联网对四川省农业产业的促进作用 | 131

表 8-3 我国 6 省份农业 DEA-Malmquist 指数测算结果

时期	浙江	江苏	湖北	湖南	四川	贵州	平均值
2002—2003 年	0.945	0.836	0.809	0.732	0.745	0.725	0.799
2003—2004 年	1.004	0.923	0.839	0.823	0.823	0.798	0.868
2004—2005 年	1.001	1.024	0.826	0.797	0.794	0.834	0.879
2005—2006 年	0.99	1.076	0.812	0.811	0.815	0.795	0.883
2006—2007 年	1.035	1.207	0.853	0.844	0.945	0.903	0.965
2007—2008 年	1.05	1.131	1.031	0.964	1.097	0.911	1.031
2008—2009 年	0.982	1.056	0.943	0.964	0.946	0.8	0.949
2009—2010 年	1.128	1.127	1.125	1.109	1.072	0.843	1.067
2010—2011 年	1.131	1.202	1.152	1.149	1.171	0.861	1.111
2011—2012 年	0.994	1.095	1.084	1.057	1.082	0.844	1.026
2012—2013 年	1.002	1.021	1.051	0.974	1.018	0.895	0.994
2013—2014 年	0.962	1.054	1.061	1.009	1.032	1.162	1.047
2014—2015 年	0.973	1.097	1.044	1.033	1.016	1.199	1.060
平均值	1.015	1.065	0.972	0.944	0.966	0.89	0.975

数据来源:使用 DEAP2.1 软件计算得到。

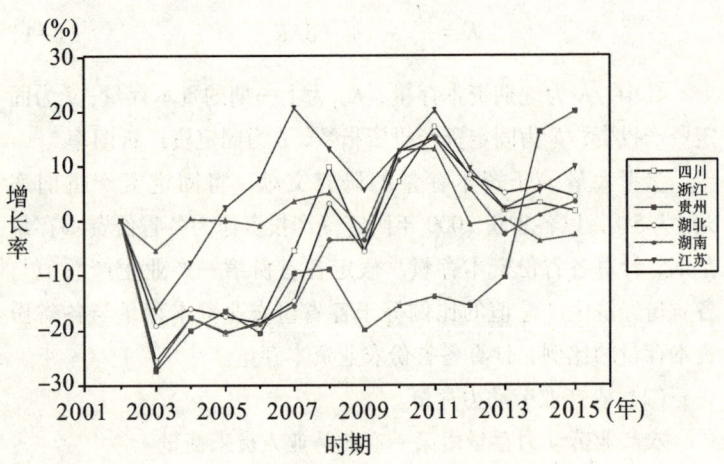

图 8-2 我国 6 省份 TFP 增长率走势

根据表8-3的农业生产要素的测算结果，从总体上来看，所列举的6个样本省份的农业全要素生产率增长率总体处于负增长，为-2.5%，反映了我国农业生产仍然是粗放型生产方式，主要靠生产要素数量投入的增加促进生产；纵向来看，2002—2007年全要素增长率整体处于连续的负增长状态，在2007年以后农业全要素增长率由负增长达到正增长，在2011年全要素增长率达到最高，为11.1%，这样的变化得益于2006年我国全面取消农业税这一制度变化、我国社会经济和科技的快速发展以及国家对农业的重视；根据图8-2中各省份全要素生产率变化走势，从横向来看，处于东部的社会经济发达省份中，科技进步对农业经济生产的贡献较大，浙江省和江苏省的全要素生产率增长率的平均值分别为1.5%和6.5%，整体高于中部和西部省份，四川省的农业全要素生产率整体处于负增长，为-3.4%。

8.4.2.2 核心解释变量：互联网发展水平（ID）

本研究将互联网因素作为一种生产力来考察，同时考虑到互联网具有规模效应，在互联网发展到一定水平，其对农业生产效率的促进作用才会显著。互联网主要以宽带设施为载体，选取互联网宽带接入用户与全省总用户数的比例代表该省的互联网发展水平。

8.4.2.3 控制变量

2002—2015年，我国农业经济的发展不仅得益于劳动和资本投入，还得益于全要素生产率的发展对经济发展的作用，如城市化、教育、民营经济、国有企业改革和对外开放等因素通过对全要素生产率的作用带动经济发展。为了研究互联网因素对农业经济发展的独立影响，选取以上所列因素为控制变量。

城市化（Urban）。城市化促使第一产业人口向第二、第三产业的转移，降低了农村人口密度，提高了人均土地占有量，促进了农业生产效率。本章选取农业人口与总人口的比值衡量该省城市化水平。

国有企业改革（NER）。国有企业改革推动了我国社会主义市场经济的建设，提高了资源配置效率，对农业经济有促进作用。本章选取非国有企业就业人数与总就业人数的比值衡量该省国有企业改革程度。

对外开放（DFI）。我国实行改革开放后，融入世界市场，与发达国家进行经济技术交流，吸收发达国家的技术和知识，从而促进农业经济发展。本章选取外商直接投资与生产总值的比值衡量对外开放程度。

8.5 实证分析

为了检验互联网对我国农业全要素生产率影响的存在性和地区间的差异性，本书建立如下计量方程：

$$TFPCH_{it} = \beta_0 + \beta_1 ID_{it} + \sum_{j=2}^{6} \beta_j Control_{jit} + f_i + \varepsilon_{it} \quad (8-1)$$

式（8-1）中，i 为省份，t 为年份，$TFPCH$ 为被解释变量农业全要素生产率，ID 为核心解释变量互联网发展水平，$Control$ 为控制变量，β 为各解释变量系数，f_i 为各省农业固定效应，ε_{it} 为随机误差项。

在进行回归分析之前，为避免多重共线性问题，首先对各主要解释变量进行相关性检验。检验结果表明，解释变量中互联网发展水平（ID）分别与教育因素（EDU）和民营经济因素（PE）有高度的相关性，与城市化水平（Urban）和教育因素（EDU）有高度的相关性，因此将教育因素与民营经济因素放入到随机误差项 ε_{it} 中，则计量方程变为：

$$TFPCH_{it} = \beta_0 + \beta_1 ID_{it} + \beta_2 Urban_{it} + \beta_3 NER_{it} + \beta_4 DFI_{it} + f_i + \varepsilon_{it} \quad (8-2)$$

为研究互联网因素对农业全要素生产率的影响，使用Stata 12软件，首先对基于估计方程（8-2）估计静态面板的混合效应（POOL）、固定效应（FE）和随机效应模型（RE），估计结果如表8-4所示。模型设定F检验在5%的显著水平下接受混合估计；LM检验接受"不存在个体随机效应"的原假设，接受混合估计；Hausman检验接受"随机扰动项与解释变量不相关"的原假设，接受随机估计。因此本书初步认为计量方程应采用混合估计，互联网发展水平对各省农业全要素生产率影响不存在个体差异。

表8-4 互联网发展水平对农业全要素生产率影响的检验

变量	POOL	FE	RE
互联网发展水平（ID）	0.351 7 (0.078 0***)	0.379 6 (0.105 2***)	0.354 4 (0.078 6***)
城市化（Urban）	0.116 2 (0.104 8)	0.213 1 (0.394 5)	0.114 4 (0.108 1)
国有企业改革（NER）	0.662 2 (1.098 8)	0.883 4 (1.504 5)	0.657 8 (1.109 5)
对外开放（DFI）	0.982 5 (0.784 2)	1.878 3 (1.324 0)	1.003 7 (0.794 3)
R^2	0.416 2	0.316 6	0.312 9
F检验		0.51 (0.769 7)	
LM检验			1.35 (0.122 5)
Hausman检验			3.96 (0.555 5)

注：*、**、***分别表示在10%、5%与1%水平下显著，回归结果省略了常数项，回归系数下方括号内为标准误，模型设定检验右方括号内为相应P值。

根据 POOL 的回归结果，可以知道互联网发展水平（ID）对我国农业全要素生产率有显著影响。互联网水平每增加 1 个单位，农业全要素生产率的增长率就增加 0.351 7 个单位；城市化（Urban）、国有企业改革（NER）和对外开放（DFI）对农业全要素生产率影响不显著。

8.6 政策建议

首先，建设普惠互联网，提高互联网普及率。本章的研究发现，互联网对中国的全要素生产率提升作用显著，互联网对中国的全要素生产率的促进作用存在网络效应，更加具有持久性。互联网普及率的不断提高对中国全要素生产率的促进作用将会越来越大，给经济发展带来连接红利。41.43%的网民人口比例是互联网对中国全要素生产率时促进作用实现网络效应的一个临界规模（郭家堂、骆品亮，2016）[①]。目前中国大部分省份的网民人口比例已经达到该值，互联网所蕴含的能量将会逐步释放，互联网的连接红利有望成为未来中国经济发展的新引擎。但是，与西方发达国家高达 82.2%（ITU & UNESCO，2015）的网民人口比例相比，中国目前平均 50.3%的网民人口比例水平还有很大的提升空间。

未来在普及互联网中应注重三项工作：第一，提升互联网的服务能力特别是丰富基于互联网的应用服务内容，发挥互联网作为公共基础设施的功能，推进"提速降费"政策的落实，在挖掘潜在用户的同时提高活跃用户的转化率，进一步激发互

---

① 郭家堂, 骆品亮. 互联网对中国全要素生产率有促进作用吗？[J]. 管理世界, 2016（10）: 34-49.

联网的网络效应。第二,由PC互联网转向移动互联网,扩大无线网络的覆盖范围,突破互联网使用的空间限制。第三,着力解决区域和城乡互联网发展不平衡问题。针对目前中国互联网存在的数字鸿沟问题,政府与企业需要共同合作,加大内陆省份和农村地区的互联网基础设施建设及政策扶持,提升企业和居民对互联网的认知程度及使用意愿,提供与地区需求相契合的互联网应用服务。

其次,加快产业层面"互联网+"战略的落地。国家已经提出了"互联网+"战略行动指导意见,地方政府和企业应根据实际情况拓展和深化互联网的应用。一方面,在做大互联网产业体量的同时要做强互联网产业,提高我国互联网产业的国际竞争力;另一方面,需要发挥互联网对传统产业的提振作用,通过"互联网+"促进传统产业的转型升级。目前,从第一、第二、第三产业看,互联网利用率较高的是第三产业,互联网媒体、互联网金融、智能交通、O2O(Online to Offline)等业态都是互联网与第三产业融合的结果。在农业方面继续深化应用,具体为:第一,进一步发挥互联网在普惠金融和绿色金融建设中的作用,由强调应用场景的突破转向加强人工智能,破解金融市场的信息不对称难题,突出金融对农业经济发展的服务功能,特别是突破经济体的技术创新融资困境。第二,运用互联网技术对农产品的生产、加工、销售等产业链环节进行改造和整合,减少交易环节,建立农业互联网管理服务模式,提高农业产业链效率。

最后,加强互联网时代的农业产业政策创新。互联网所具有的免费-增值、网络效应、锁定效应、双边市场、兼容性等技术经济特征给反垄断政策的执行带来了新的挑战(于左、高建凯等,2013)。因此,传统的农业政策制度理论方法也需要进行创新。农业部门需要进一步完善和创新互联网时代关于"市场"

的界定方法并出台相应的管理制度。例如，共享经济怎么在农业中推广和实施，如何准确选择政策对象。平台是互联网经济的主要商业模式，农业部门需要结合具体的平台业务，确定规制对象到底是提供撮合交易的平台企业还是接入平台的商家？如果是商家，是直接对商家进行规制还是通过平台企业来监管商家？例如，对于打车平台，两种监管模式一度引起较大的争论：是政府直接监管接入平台的车辆和司机？还是"政府管平台、平台管司机"？

8.7 小结

本章从互联网技术、互联网平台、互联网思维和网络效应4个维度分析了互联网对中国全要素生产率的作用。采用2002—2015年浙江省、江苏省、湖北省、湖南省、四川省和贵州省省级面板数据进行实证分析，发现互联网对农业全要素生产率具有显著的促进作用。本章最后结合中国的实际情况给出了加快建设互联网基础工程，加快'互联网+'战略在农业产业中落地以及加强互联网时代农业政策创新等建议。

9 结论与建议

农业产业是贫困人口脱贫的基本依托。党中央、国务院把农业产业脱贫作为实施精准扶贫、精准脱贫的一项重要任务，从而通过产业扶贫工程实现3 000万贫困人口脱贫。

科学技术是第一生产力，这一科学论断深刻地揭示了人类社会发展的历史脉络与基本轨迹，大量的经济理论与社会发展的历史经验证明依靠科技解决经济社会问题，实现"社会与科技"的无缝对接是人类正确的战略选择。

本书认为，科技能够促进农业产业发展，在精准扶贫和双创战略下加大对农业科技的投入可以提高农业经济水平，提高贫困人口收入，从而脱帽脱贫。

9.1 结论

第一，精准扶贫是历史的必然选择。精准扶贫是新一代领导集体在深入调研、充分分析新时期中国农村贫困特征的基础上，提出的科学的扶贫开发理念，是指导下一阶段农村扶贫开发的工作方针。建立精准扶贫工作机制的根本目的是在准确、详实地掌握扶贫对象的基本信息的基础上，通过对扶贫资源的整合与精准化配置，实现对扶贫对象的动态化管理、精确化扶持、内源性脱贫。精准扶贫工作机制是扶贫开发从"漫灌"向"滴灌"转变的载体，是实现科学化扶贫和内源化扶贫的前提，是以"小而无内"的精准手段打赢扶贫攻坚战，全面建成"大而无外"的小康社会。

第二，四川省是全国脱贫攻坚任务最繁重的省份之一，贫困人口众多，且集中分布在生存条件恶劣、生态环境脆弱、基础设施薄弱、公共服务滞后的连片特困地区，扶贫开发任务非常艰巨。2015年年末，四川省共有贫困村11 501个，贫困人口为380.3万人，依靠产业发展脱贫致富的人口达173.73万人。其中，四大片区贫困人口263.3万人；贫困片外地区，还有"插花式"贫困人口117万人。至2016年年底，在全会精神应用到四川实践中，实现精准减贫107.8万人，完成率达102.7%，脱贫幅度为28.4%，全部达到国家"两不愁、三保障"及四川省"1超6有"的脱贫标准。实现精准退出贫困村2 437个、完成率103.7%，全部达到国家及四川省"1低5有"的退出标准。5个贫困县贫困发生率均下降至3%以下，全部达到国家及四川省"1低3有"的摘帽标准。2016年脱贫攻坚在广度、深度和精度上都达到了新的水平。

第三，构建农业产业提升发展影响因素评价模型，并对四川省的情况进行分析。选取科学研究与实验发展（Research and Development，R&D）经费支出、科技从业人员、科技成果及应用水平（项）三个指标，利用灰色关联法计算四川省2001—2015年农业科技投入与农业经济增长的关联度。结果发现科技成果及其应用水平情况是四川省农业经济增长的重要推动力。科技从业人员数量和科学研究与实验发展经费支出与农业经济增长的相关性略低。在精准扶贫的背景下，需要以科技为支撑，努力提高四川省农业科技水平，在贫困地区形成布局合理、特色突出、安全高效的农业产业，提高科技和创新水平，带领群众脱贫致富。

第四，构建西南多省农业产业提升发展影响因素评价模型，进行横向比较。选择西南地区5省市2004—2014年农业经济增长及与其相关的科技要素投入方面的样本数据。被解释变量为农业经济增长，选择第一产业产值作为衡量指标，为了排除价格变动的影响，我们将各年按当年价格计算的第一产业产值平减为2004年价格的实际第一产业产值；解释变量为科技投入，选择科学研究与实验发展（R&D）内部经费支出和科学研究与实验发展（R&D）人员全时当量（单位：人年）作为衡量指标。R&D内部经费支出根据居民消费者价格指数（2004年为100）平减为以2004年当年价格为基期的实际R&D内部经费支出。科技活动人员用R&D人员全时当量来代替。样本数据均取自《中国统计年鉴》（2005—2015年）和《中国科技统计年鉴》（2005—2015年）。分析结果表明，在我国西南地区，以R&D内部经费支出和R&D人员全时当量为代表的科技要素投入与农业经济增长呈现出相同的变化趋势，科技要素投入增加，则第一产业生产产值增加；科技要素投入减少，则第一产业生产产值减少。科技投入对农业经济发展有积极的拉动作用。研究结果还表明，就目前西南地区各省市的科技投入现状而言，科技投入促进农业经济增长的潜力仍然很大；西南地区各省市之间的科技投入力度不同，因此科技对农业经济发展效果有很大差异。例如，四川R&D内部经费支出最大，表现出农业生产产值最大；西藏R&D人员储备不够，表现出R&D人员全时当量对农业经济的促进效果不显著。

第五，完善科技投入对农业产业发展理论体系。农业产业发展成效最终是体现到产业生产总值增长上，将影响农业产业生产总值增长的生产要素投入和科学技术进步这两个方面作为考察对象，通过算法测算 1991—2015 年四川省农业科技的进步率及其对农业产业经济发展的贡献率，实证分析农业科技进步对农村家庭农业纯收入水平的影响。产业扶贫是科学选择主导产业，围绕产业全链条发展科学精确施策，让建档立卡贫困户能长期稳定受益；以产业为主线，针对产业生产、加工、销售等环节，在资金、项目和服务上制定因村因人的个体化、精准化的帮扶政策。农林牧渔业和农产品加工等作为贫困地区最基本的产业，是贫困人口脱贫的基本依托，因此推进农业产业现代化建设是产业扶贫工作的重点。结果表明，四川省近 25 年农业科技进步为 98.87%，其对农业产业经济贡献率为 48.47%，农业经济增长方式已实现由粗放型向半集约型转变；而与北京市、上海市、天津市等地区约 60% 的贡献率相比仍显落后，还需大力提升科学技术水平，推进贫困地区科研成果的使用，搞好科技服务体系和信息服务体系建设，强化产业扶贫的技术支撑；农业科技进步率每提高 1%，农村家庭农业人均纯收入将增加 0.33%。由于农业生产收入是农村家庭收入的主要来源之一，所以农业科技进步对农村家庭农业收入存在明显的促进作用。综合而言，农业科技进步不但能促进农业产业发展，实现农业产业科技化，提高农村家庭农业收入水平达到直接扶贫的目的，也使农村劳动力及资金分配结构发生改变，即农村家庭在农业生产中由于技术进步而闲置的劳动力向第二、第三产业转移，形成家庭收入来源多元化的格局，拓宽贫困户就业增收渠道，实现间接增收扶贫。因此推进农业产业科学技术进步、促进农业产业发展，对提高农民收入水平、实现产业扶贫行之有效。

第六，在加大科技投入对四川省农业产业发展提升的同时，必须注重环境保护。农村能源建设是精准扶贫战略和环境保护的必然要求。一方面，农村能源建设推进了农业产业的结构调整，巩固了精准扶贫效果；另一方面，农村能源建设促进了农业产业的经济效益，从而使农民工的经济得到增收，同时还解决了农村用能短缺矛盾，在一定程度上减少农村环境污染，有利于保护环境。四川省沼气能源建设是一个包含多种影响因素的系统。本书利用四川省年总产气量衡量当年沼气能源建设的发展规模，经费投入量、沼气生产技术发展水平、各级政府支持力度以及村民们的参与积极性都对沼气能源建设有不同程度的影响。因此，在运用灰色系统理论对能源建设进行分析之前，需对众多的影响因素进行筛选和理论分析。结果表明管理推广机构作为政府在四川省沼气能源建设中的参与者，对沼气能源的推广、使用和建设各环节都起到了至关重要的作用；沼气生产技术发展水平与年总产气量的关联度很高，技术是发展能源建设的根本；政府财政拨款和用户自筹资金与年总产气量的关联度在所选择的影响因素中关联度相对不强，说明沼气能源建设并不是一个资金密集型工程，沼气能源建设主要由生产技术推动。

第七，互联网带动了四川省农业产业的提升，为农业双创提供了技术基础。双创是农业产业发展的推动力，而互联网是双创中不能缺少的动力源泉。本书从互联网技术、互联网平台、互联网思维和网络效应 4 个维度理论分析了互联网对农业全要素生产率的作用方式，采用 2002—2014 年中国省级面板数据进行实证分析，结果显示：互联网发展水平（ID）对我国农业全要素生产率有显著影响，互联网发展水平每增加 1 个单位，农业全要素生产率的增长率就增加 0.351 7 个单位；城市化（Urban）、国有企业改革（NER）和对外开放（DFI）对农业全要素生产率影响不显著。最后结合中国的实际情况给出了加快建设互联网基础工程，加快"互联网+"战略在农业产业中落地以及加强互联网时代产农业政策创新等建议。在分析了 2002—2015 年浙江省、江苏省、湖北省、湖南省、四川省和贵州省省级面板数据后,发现互联网对农业全要素生产率具有显著的促进作用。

9.2 建设特色优势产业

9.2.1 特色种植业

四川省应加快贫困地区种植业结构调整,优化生产布局。一是立足于粮食基本自给,坚持藏粮于地、藏粮于技,稳定粮食生产能力。大力推广水稻、小麦优质专用品种,推动"粮改饲",扩大饲用青贮玉米和鲜食玉米种植面积;推进马铃薯品种更新换代,提高脱毒种薯推广面。二是加快发展蔬菜、食用菌、水果、茶叶、中药材、蚕桑、花卉苗木等特色种植业。柑橘产业实施"双晚"战略;茶产业坚持以名优绿茶为主,大力发展市场需求大的大宗绿茶、工夫红茶、茉莉花茶和藏茶;蔬菜产业重点发展攀西地区冬春喜温蔬菜,川南"春提前""秋延后"蔬菜,盆周山区高山蔬菜。

9.2.2 生态畜牧业

四川省应着力推进生态畜牧业提质增效。一是推进畜牧业标准化适度规模养殖,继续实施标准化规模养殖扶持项目,深入开展畜禽养殖标准化示范的创建,发挥大型一体化企业的引领作用,促进畜禽养殖的标准化、规模化和产业化。二是以生猪和草食畜牧业为重点推动畜牧业结构调整,巩固和稳定生猪优势,因地制宜发展饲用玉米、青贮玉米和优质牧草,大力发展有比较优势和市场潜力的节粮型草食牲畜、特色小家畜禽,构建与资源环境承载能力相匹配的现代畜牧业生产新格局。

9.2.3 水产养殖业

四川省应进一步挖掘贫困地区水产养殖潜力，拓展养殖空间。一是因地制宜，分类发展。平原贫困区以专业池塘精养为主，重点发展农业部主推品种及四川优势、特色品种及观赏鱼类。丘陵贫困区以多种模式稻田和山坪塘健康养殖、水库生态养殖为主，重点发展农业部主推品种。山地贫困区以发展山坪塘健康养殖和水库生态养殖为主，重点发展冷水性、亚冷水性鱼类和农业部主推品种。二是实施池塘标准化改造，配套标准化、机械化、信息化以及环保处理设施设备，提高综合生产能力。实施池塘养殖循环用水改造，支持工厂化养殖循环用水设施设备改造升级。三是控制江河、湖泊、水库等天然水域养殖规模和密度，规范网箱养殖，推广环保型网箱，发展大水面增殖渔业，建设百万亩江河湖泊库区生态渔场。

9.3 农产品加工流通

9.3.1 提升产地初加工水平

四川省应实施农产品产地初加工补助政策，充分发挥补助政策的辐射带动作用，积极推动补助项目向贫困地区倾斜；围绕菜篮子产品和特色农产品产后商品化处理，筛选和推介一批经济适用的农产品初加工新设备、新工艺，新建和改造升级贮藏、保鲜、烘干、分类分级、包装和运销等设施装备，提高初加工能力；强化初加工关键技术和管理培训，提升初加工整体水平，促进农产品实现大幅减损增效。

9.3.2 完善特色农产品流通体系

四川省应立足于服务"四大片区"农产品流通,分片建设一批农产品集散中心、专业交易市场和跨区域加工配送中心,完善农产品流通绿色通道;建设完善配套仓储、物流和冷链设施;完善市场中介服务,支持农业社会化服务组织、农村营销大户和农民经纪人积极参与市场建设;支持农村电商网络示范建设,在有条件的贫困村开展农村电商网点试点工作,发展"互联网+特色农业"品牌,打破贫困地区市场信息隔阂。

9.3.3 加快农业品牌创建

四川省应积极组织农产品申报"三品一标"认证登记,推进"三品一标"农产品持续健康发展;引导支持中、小品牌整合;引导工商资本进入贫困地区,打造"川藏高原""大凉山""圣洁甘孜""广元七绝""巴食巴适"等区域品牌;加强品牌营销推介;创新农产品品牌推广、营销方式,结合"互联网+"多形式、全方位地进行宣传展示;打好"绿色牌""生态牌"和"错季牌";深入挖掘文化内涵,给农产品品牌注入更多文化元素;大力推行农批对接、农超对接、农校对接,促进品牌农产品直供直销,推进品牌农产品专销柜、放心店和专业市场建设,实现优质优价,使生产者、消费者双方受益。

9.4 加快休闲农业发展

9.4.1 建设休闲农业景区

四川省应以产业基地为基础、创意农业为手段、农耕文化为灵魂,建设一批农业主题公园、农业观光体验园区、农业科普教育园区等休闲农业景区景点,实现"产区变景区、田园变公园";同时加强休闲农业旅游标示标牌、游客服务中心、公共卫生间、景观道路、信息网络等基础设施和公共配套服务设施建设。

9.4.2 开发休闲体验产品

在具备自然生态好、交通便利、区位优势突出、旅游资源丰富、景区周边等条件的贫困村,政府应引导符合条件的贫困户兴办农家乐,打造一批休闲农业和乡村旅游专业村;扶持家庭农场、农民合作社、农业企业发展休闲农业,建设休闲农庄,使得贫困户就地就近就业;将农业资源与文化创意相结合,开发创意农产品和创意农业景观。

9.4.3 开拓现代营销市场

四川省应创建中国美丽休闲乡村、中国重要农业文化遗产、省级示范农庄、省级示范农业主题公园等国家和省级知名品牌,打造地方特色品牌;开发以农事体验、科普教育、休闲观光等为主题的特色产业节庆活动,扩大产业影响;发展"互联网+"休闲农业,组织经营主体在专业网站上开展乡村旅游、特色农产品的宣传推介、线上线下营销活动,加快构建休闲农业现代营销市场。

9.5 完善农业经营体系

9.5.1 培育壮大新型经营主体

四川省应重点扶持与特色优势产业关联度高的新型农业经

营主体，完善龙头企业与农民合作社、贫困户的利益联结机制，加快推进贫困地区特色优势农业产业化组织化水平，提高农民的自我组织、生产管理和风险防范能力；充分发挥省级财政安排的农民合作社项目，推动贫困地区农民合作社向经济实体转变；积极开展"龙头企业+农民合作社+贫困户"的产业化经营模式，鼓励龙头企业和农民合作社到贫困地区采取土地流转、承包、租赁、入股等形式参与自建基地或订单基地建设；引导农产品加工企业向具有种养业优势的贫困村集中，推行订单收购、保护价收购、贫困劳力务工等模式，形成以产业基地为基础的加工基地，带动更多贫困户进入产业化经营链。

9.5.2 培训新型职业农民

四川省应鼓励和引导真正从事农业生产、迫切需要提升素质和生产技能的种养大户优先接受培育，转型升级成为新型职业农民；把家庭农场主、农民合作社带头人、农业龙头企业骨干和农业社会化服务能手等作为重点培育对象，加强技能培训，发挥示范带动作用；把回乡务农创业的大学生、青壮年农民工和退役军人等纳入新型职业农民培育计划；以农村贫困户为对象，以增强参与产业发展能力为目的，围绕特色优势产业发展，组织开展生产管理、加工流通、品牌营销等技能培训，让贫困农户熟练掌握与自身产业发展相关的生产技能。

9.5.3 生产社会化服务

四川省应加强贫困地区公益性服务机构建设，实施"四大片区"急需紧缺人才选拔培育计划、基层农技人员"特岗计划"，对基层农技推广公益性服务机构提供精准支持；培育农业经营性服务组织，支持开展代耕代种、联耕联种、土地托管、代销代购、农机作业、储藏保鲜等全程社会化服务；拓展供销合作社在土地托管、农产品流通、农村合作金融、农村电子商务等方面的经营服务能力。

9.6 强化科技示范推广

9.6.1 健全农业科技服务体系

四川省应健全贫困地区科技服务体系，提升基层地区科技服务支撑能力。一是建设覆盖88个县的农村产业技术服务中心。相关部门应鼓励挂靠龙头企业、依托专家大院、专合组织和现有事业机构、法人机构入股等多种形式，建设面向贫困地区特色优势产业的综合型县级农村产业技术服务中心或面向某一优势特色产业链的特色产业技术服务分中心（站）。二是建设贫困地区专家大院。相关部门应支持高校院所围绕贫困地区产业需求组建专家大院100个、科技特派员站点100个、农业科技110站点30个。三是灵活运用多种科技协同服务模式。相关部门应采用"专家+龙头企业+农民""专家+农技推广机构+农民""专家+农村专业协会+农民"等运作模式，开展农业科技成果的推广转化、技术培训、中介服务和产业带动，推进高校院所与贫困地区的紧密结合。

9.6.2 深化农业技术扶贫行动

四川省应继续开展"万名农业科技人员进万村开展技术扶贫行动"。一是充实完善驻村农技人员队伍。相关部门应积极整合各级各部门的涉农技术人员，以基层农技推广体系改革与建设项目为平台，进一步充实"驻村农技人员"力量；依据贫困村产业发展需要，及时调整对口专业农技人员驻村帮扶；确保

"换人不撤人",始终保证 11 501 个贫困村驻村农技人员全覆盖。二是组建专家咨询服务团队。相关部门应积极与四川农业大学、四川省农科院、四川省畜牧科学研究院、四川省林科院等科研单位合作,整合农业技术专家,开展巡回农业技术咨询和指导;组建 88 个贫困县及 88 个重点贫困村专家咨询服务团队,集中攻坚解决技术难题。三是落实驻村农技员工作责任。驻村农技人员要根据贫困村不同情况,因地制宜地开展种养业实用技术培训、科技示范户培养、新型职业农民培育、新品种推广、新技术引进等帮扶工作。四是强化驻村到岗督查。帮扶工作应做实工作日志,留好图像资料,将驻村帮扶农技员开展的工作情况和扶贫效果真实地体现出来。

9.6.3 加快农业科技成果示范

四川省应启动实施科技扶贫专项行动计划,加大优良品种选育和新品种、新技术的研发、推广和应用力度,不断增强产业扶贫的技术支撑;示范推广一批新品种,以中(藏、羌)药材、马铃薯、魔芋、水果、青稞、荞麦、食用菌、蚕桑、茶叶等为重点,推广一批优质、高产、专用的突破性新品种;以蜀宣花牛、高原牦牛、南江黄羊、凉山半细毛羊、獭兔等草食牲畜,生猪、山地土鸡、水禽等家畜家禽,以及冷水鱼、大口鲶等水产为重点,开展品种改良推广,培育壮大地方优势品牌,支持发展现代特色农业;集成转化一批新技术,加强高效栽培、疫病防控、农业节水等领域的科技集成创新和推广应用;大力推广先进实用、节本增效技术以及农业标准化生产技术;加强贫困地区种植业、养殖业、农产品精深加工业等领域的产业技术集成创新和转化应用,开展产业链关键环节产学研协同创新,培育新的增长点。

9.7 创新科技扶贫体制

一是健全科技金融长效对接机制,建立面向贫困地区常态化的科技金融对接模式,引导社会、金融、资本投入,形成支持科技扶贫的多元化投入机制。二是鼓励和支持信贷风险补偿、科技担保、创投基金、天使基金等多种金融模式以促进贫困地区科技型中小微企业发展。三是推进贫困地区科研成果使用、处置收益管理改革和科技人员激励政策试点工作,鼓励科技人员在科研单位和农业企业之间双向流动。四是深入实施科技特派员创业行动,鼓励科技人员扎根贫困地区,在贫困地区创办领办企业,培训产业技术骨干,提供技术咨询,等等。

9.8 增加贫困人口收入的优化途径

9.8.1 工资性收入

9.8.1.1 努力提高农村劳动力素质,增强农村劳动力就业适应能力

劳动力素质是决定农村劳动力转移的重要因素,无论是向非农产业转移,还是产业结构调整,都与农民素质息息相关。因此,要增加农民的工资性收入,就要提高他们的就业能力与水平。农村教育的普及和推进需要多角度、多层次、多方面同时进行:一是从基础抓起,普及九年制义务教育;二是发展成人学历教育,降低农村剩余劳动力的就业难度;三是发展农村的职业技术教育,适应市场经济的需要及农村实际需要;四是

改善农村基础教育条件,并培养一支高素质的教育队伍,缓解教育队伍人才流失严重的问题。只有广大农民的素质提高了,观念转变了,竞争力提高了,才能适应市场经济发展的需要,才能加快富余劳动力转移的步伐,农民增收也才能变为现实。

9.8.1.2 加快乡镇企业发展和户籍制度改革,促进农村剩余劳动力转移

(1)应当制定优惠政策,加快乡镇企业发展,实现规模经济。乡镇企业集聚后,便于降低城镇基础设施的建设成本;同时还能有效地降低企业之间的人才、技术、资金等信息的交流成本,以此使乡镇企业获得外部经济效益。

(2)加快户籍制度改革的步伐,消除转移障碍。现行的二元户籍制度使得农民与市民在就业、工资、住房和子女上学等方面存在明显的不平等,导致农村劳动力在城镇就业成本大且就业没有保障。促进农村劳动力向城镇转移发展,最根本的就是要消除城乡居民两种身份制度,降低进城门槛,取消一切限制农民进城务工的政策和限制性障碍,使农民拥有与城市人口平等的发展机会,享受同等的公共服务,得到与城镇居民一样的公正待遇,从而彻底解决农村、城市曾一度出现的对于劳动力的供求不平衡的矛盾,使农民能够通过非农就业增加收入。

9.8.1.3 培育城乡统一的劳动力要素市场,建立多元化市场中介组织

随着经济体制改革的不断发展,传统的城乡分割的劳动力市场已难以适应劳动力资源的优化配置,必须培育和发展城乡统一的劳动力要素市场,建立多元化的市场中介组织。

(1)建立政府帮扶组织。政府工作的基本职能是公共服务职能,将提供劳务信息服务纳入行政管理。政府应有组织、有秩序地组织农民外出务工,特别是订单输出,提高输出率;同时,为外出务工农民情况建立记录档案,进行跟踪服务,保证

农民收益的同时也要保障他们的利益不受到损害。

（2）鼓励建立中介机构，培育农村劳务经纪人。一方面，通过政府资助的方法，以职业介绍机构为中介，构建向街道、乡镇、工业区和向省外延伸的劳动力信息网络，防止流动的盲目性；另一方面，鼓励和培育一批农村的劳务经纪人，有组织地输出当地的农村剩余劳动力。同时，通过培训的办法，加快提高输出劳务人员的职业技能、法律知识，增强在就业过程中的自我保护能力，充分利用农村劳务经纪人的作用，采取政府组织与自发输出相结合，拓宽农村劳务市场，提高输出效益，解决农村剩余劳动力问题，增加农民工收入。

9.8.2 提高财产性和转移性收入

财产性收入和转移性收入两部分收入虽然在农民收入中所占比例较小，但也不可忽略，不断提高农民财产性和转移性收入可以有效缓解家庭经营收入增长不足和工资性收入增长缓慢带来的压力，可以进一步提高农民收入整体水平。况且，多渠道增加农民收入可以减少对自然因素的依赖性，缓解因自然灾害等不可抗拒因素造成的农民收入减少的压力。

9.8.2.1 深化农村金融体制改革，发挥合作金融支农作用

目前，对于四川省来说农村信用社在农村金融方面发挥的作用不可小觑，进一步提升四川省农村信用社支农的实力和水平，是农村金融工作的重中之重。

（1）加快农村信用社产权制度改革，明晰产权关系。四川省农村信用社的产权制度非常复杂，信用社股金有信用社职工股、农民社员股、国家股、法人股和乡村集体股等。要解决信用社内部积累和历年亏损分配，必须明确信用社的产权问题。

（2）加强内部管理，强化约束机制，增加业务品种，提高服务水平。由于四川省农村经济发展较慢，金融对经济的支持

作用体现得并不充分，而且信用社本身对内部控制不够重视，加大了运营风险。因此，要以建立健全四川省农村信用社内部控制制度，完善金融产品的品种，使其不仅成为为"三农"提供信贷服务的融资机构，而且应成为农业产业、科技与金融相结合的信息中心，满足农民对于财产性收入的需求。

（3）提供政策优惠。借鉴国内外农村合作金融经验，对以服务"三农"为宗旨的偏远地区农村信用社通过免征利息税、适当降低增值税和所得税税率以及减少存款准备金、放松利率管制等途径进行必要的扶持。通过以上方式，以农村信用社为切入点，完善农村金融体制，加快农民财产性收入。

9.8.2.2 保障土地流转过程中的农民权益

当前多数地区农地流转收益低，而且缺乏农地流转收益增长机制，阻碍了农民分享未来土地收益增加的成果，严重抑制了参与流转的农民的财产性收入的增加。因此，不仅要从法律和制度上保障外出务工农民对其承包地的权益，而且要完善农村土地流转机制，确保农民财产性收入与农村土地价值同步增长。此外，政府要建立有效的农业经济合作组织，提高农民在政府决策中的话语权。由于中国农民和农业企业处于一种自由、松散的状态，在政府决策中处于弱势地位，在农村土地流转的过程中侵害农民利益的事件时有发生，因此建立农业经济合作组织对推动农地流转和保障农民收益具有重要意义。

9.8.2.3 创新和完善农村社会保障机制

四川省要建立贫困农民社会保障立法体系，完善贫困农村最低生活保障制度，强化政府在社会保障中的投入、管理和监督责任，实现包括养老保险、医疗保险、工伤保险、社会救助等社会保障体系在内的全覆盖，使贫困老人有人养，贫困病人看得起病、有地方医治，失业者有救济等。

此外，四川省还要完善扶贫资金投入管理体系；坚持"政府主导，社会参与，自力更生，开发扶贫"的方针。以政府投入为引导，应动员企业、农民、社会其他力量千方百计增加扶贫资金投入。为了避免"低收入均衡陷阱"的出现，政府要在控制人口过快增长的基础上，建立财政扶贫资金长效机制，并引导全社会增加扶贫投入。扶贫资金要进一步向边远、少数民族、贫困地区倾斜，要鼓励在贫困地区开展村镇银行、小额贷款公司以及新型农业保险试点，扩大扶贫信贷规模。管理上，政府应建立健全扶贫资金管理体制，加强扶贫资金的集中管理、投放重点和绩效考评制度，提高其使用效率；提高农村社会保障覆盖率和保障水平，逐步建立和完善适合四川省特点的农民社会保障制度，这些对于提升农民转移性收入具有关键性的作用。

10　农业产业实例研究

本章选取了四川省20个贫困县作为实例研究对象，对其农业产业进行分析。各地因地制宜地制定农业产业发展规划，研究发现精准扶贫离不开科技的投入。

10.1　苍溪红心猕猴桃：一颗闪亮全球水果市场的致富"金元宝"

苍溪县立足"脱贫围绕产业干、致富围绕产业转、一届接着一届干"，始终把红心猕猴桃作为全县农民群众脱贫致富的骨干产业来抓。2016年，全县红心猕猴桃种植面积达35.2万亩，鲜果及系列深加工产品在国际国内市场供不应求，年综合产值35亿元，带动贫困户人均增收2 460元，减贫人口2.4万人。

10.1.1　"园区+庭园"新模式带动致富产业大扶贫

园区带动连片脱贫。苍溪县以红心猕猴桃产业园区建设为载体，推进猕猴桃百亿产业融合发展，连片推动产业扶贫。目前，全县围绕"一园五区相融、四个统筹推进"连片规划布局建成万亩现代红心猕猴桃种植产业园区11个、千亩以上种植园区66个，栽种面积达22万亩，产业覆盖全县20个乡镇、近80个贫困村、1.6万贫困人口；苍溪县建成猕猴桃加工园区3个，引进台湾技术新开发猕猴桃酵素、含片、果酒、饮料、口服液保健品等深加工产品30余种，年加工处理猕猴桃3万吨，产值达8亿元，吸纳用工5 300余人，其中贫困人口2 400余人；苍溪县建成以红心猕猴桃为主题的旅游园区3个，农家乐1 187家，带动近6 000贫困户户均增收2 000多元。

庭园带动精准扶贫。苍溪县围绕"一户二亩产业园、三年脱贫超万元"的目标，着力"三个一+四到户"推进产业庭园建设，带动农户增收脱贫。"三个一"即户建一个产业园，户建一个微水池，户有一个技术明白人。"四到户"即政策资金到户，干部帮扶到户，技术培训到户，订单保单到户。目前，全县已有90%以上的建卡贫困户建成1亩以上的红心猕猴桃产业园。陵江镇六包村九组11户建卡贫困户建猕猴桃庭园16亩，2016年收入43万元，户均3.9万余元。原贫困户曹熙红4年前种植红心猕猴桃2.2亩，2016年收入10.5万元。

10.1.2 "双带+双促"新机制带动扶贫产业大发展

"合作经营"带农户。全县通过建立"以奖代补""先建后补"贴息贷款，担保融资、税费减免、优化环境等激励方式，大力引进培育工商资本和返乡创业人员领办龙头企业7家。其中，上市企业1家；领办猕猴桃专合社124家，有社员66 500户；建家庭农场81个，其中贫困户建家庭农场56个。苍溪县通过采取"新型经营主体+基地+农户"合作经营模式，带动贫困农户合作经营发展红心猕猴桃产业。华朴农业公司近三年流转土地发展红心猕猴桃2.6万余亩，覆盖全县12个乡镇、23个村，带动贫困农户合作经营近3 000户、8 621人，占全县建卡贫困人口的10%。快乐家庭农场主罗通华承包集体荒山112亩，建红心猕猴桃种植园，带动当地32户贫困户种植猕猴桃65亩，贫困户年均增收12 000元。

"四保分红"带增收。苍溪县创新"四保+分红"利益联结机制。"四保"即：保土地租金，2016年，全县流转土地已达20万亩，亩均流转费550元，年土地租金1.1亿元，其中贫困户土地租金1 100万元。保园区务工，合同保障流转土地农户优先务工权，园区农民年人均务工就业收入达3万余元。其中，贫困户临时务工收入达6 000多元。华朴公司在贫困村建设猕猴桃基地1.6万亩，让8 000多位农民在家门口成为农业工人，其中贫困农民达2 000多人。保订单收购，对于农户庭园种植的红心猕猴桃，由各类经营主体实行订单收购，订单生产覆盖面达100%。开展产业保险，积极鼓励红心猕猴桃种植新型经营主体和农户参加保险，化解风险，增加收益，2016年全县参保30.5万亩，参保面达95%以上。"分红"可分为：二次返利分红，2016年果王公司推行订单收购，二次返利分红为184万元，其中贫困户分红60多万元。反租倒包分红，华朴公司反租倒包年实现超产分红300多万元，其中贫困户分红40多万元。股权收益分红，永宁镇金兰园区探索财政支农资金股权量化改革，按扶贫投入产业发展资金的20%计144万元折股给127户贫困户，每名贫困群众不仅可享受到普通村民分配的股份，还额外享受扶贫股份。全村127户贫困户、254名贫困人口，每人可分得财政支农资金量化股金9 516元，计9.52股，比普通群众多5.67股。2016年，红心猕猴桃产业投产，贫困户每人多分股权收益309元。全县租金+分红+农民年务工收益累计达2亿多元，带动近2万贫困人口增收。

"以购代捐"促生产。通过帮扶单位和帮扶个人以适当高于市场价直接购买贫困户农产品的方式，变直接向贫困户送钱给物"养懒汉"的粗放式扶贫为购买销售贫困户农产品，促其发展生产造血式扶贫。2016年,全县通过实施"以购代捐"激励1.8万建卡贫困户种植红心猕猴桃3.2万亩。四川省委组织部通过在帮扶贫困村——五龙镇三会村创新实施"以购代捐",激励该村2016年发展红心猕猴桃1 200亩,64户建卡贫困户当年人均增收达875元。

"以奖代补"促发展。县上每年设立不少于5 000万元猕猴桃产业发展专项基金,不少于2亿元统筹打捆项目资金,用于"以奖代补",从而支持猕猴桃产业发展。贫困农户建2亩以上猕猴桃园,户均补助6 000元;对获得绿色食品、有机食品认证的企业补助2万元;对专营店连续5年每年补助1万元宣传广告费;对种植面积在100亩以上、管理运作规范的猕猴桃专业合作社,每年补助工作经费1万元;对首次取得出口基地、国家生态原产地、国家级质量生产安全基地等备案的单位(企业或合作社等)奖励5万元,对复核保持出口基地备案等的单位企业奖励2万元;对出口额达到100万美元以上的单位(企业或合作社等)奖励5万元;对新建验收合格的5 000吨以上气调库奖励5万元,1万吨以上气调库奖励10万元;对参与产业保险的农户,县本级财政补贴75%,果农自交25%,新型主体县本级财政补贴25%,自交75%,由保险公司提供每亩每年2 000元的保险。

10.1.3 "电商+品牌"新业态带动扶贫产业大增效

电商拓展市场。着力推进"全国电子商务进农村综合示范县"建设,建成"京东苍溪特产馆"和100多个乡村电商服务站,快速搭建起苍溪特色农产品电商交易平台。2016年销售红心猕猴桃鲜果近1万吨、销售额超3亿元,带动贫困村和贫困户人均纯收入分别增长1 380元、890元。推行产品期货交易,2016年11月底,苍溪红阳、海沃德线上交易成交量达2 100多万次，成交金额 20 多亿元。同时拓展国际市场，2016 年，全县出口美国、欧盟、东南亚等国家和地区的猕猴桃近 15 000 吨，实现收入 5 亿元。

品牌增强效益。近年来，苍溪县通过强化推广猕猴桃标准化生产技术，极大地提升了果品的质量。通过举办苍溪红心猕猴桃国际订货会、采摘节，在中央电视台等国内知名媒体和网络平台强化品牌宣传，极大地提高了苍溪红心猕猴桃品牌的知名度和市场美誉度，增强了品牌的影响力和效益。"苍溪红心猕猴桃"被评为"中国驰名商标"，获得国家生态原产地保护产品认证、国家出口产品基地认证、植物新品种保护认证、绿色食品标识、欧盟认证和质量安全体系认证，多次获得国际农产品交易会金奖，是全国绿色食品标准化原料生产基地、全国安全健康食品供货基地、国家出口猕猴桃质量安全示范区。目前，苍溪红心猕猴桃品牌估值 630 亿元。2016 年，猕猴桃鲜果产地收购价从 2015 年的每千克 16 元上涨到 24 元，果农每亩产值由去年的 16 000 元上升到 24 000 元，比去年增加 8 000 元，高于全国其他地区近 2 倍。

10.1.4 "整合+撬动"新方式扶持产业扶贫大群体

整合项目建基础。苍溪县坚持"渠道不乱、用途不变"的原则，全县每年统筹整合涉农项目资金 2 亿多元，用于解决贫困村户产业发展的道路、水利、电力、通信、土地治理、高标准农田建设等基础设施配套建设。目前，全县高标准农田建设已达 25 万亩，灌溉水保证率达 72%，农业耕种收综合机械化率达 61%，电力、通信、广电等三网综合改造网率达 85%。

撬动资本建产业。近三年，全县通过"以奖代补""先建后补"等方式，撬动新型主体等社会资本投入红心猕猴桃产业发展 8.1 亿元，撬动民间资本 3.1 亿元投入猕猴桃改土建园等基础建设。通过激励农业公司上市的方式撬动资本市场投入产业发展。2016年华朴农业公司在新三板挂牌，成功发行全国第一只红心猕猴桃股票。

激活金融助发展。苍溪县通过设立猕猴桃产业贷款基金，采取公司担保、财政贴息等方式撬动金融企业发放小额贷款，创新建立"经营权抵押贷款+扶贫再贷款""扶贫小额贷款+农村保险""债贷结合+拼盘整合"三大金融扶贫机制，初步构建了债、贷、投、扶相结合的多元金融扶持产业发展体系。目前，全县共发放小额扶贫贷款2.27亿元，农村产权融资试点发放农村产权抵押贷款823笔，1.9亿元。苍溪县支持贫困农户发展红心猕猴桃产业4.8万亩，位居四川省第一；创新成立扶贫资金互助合作社31个，岳东镇益民互助社累计为社员提供信贷2 000余万元，支持猕猴桃产业发展3 000亩。

10.2 蓬安县现代农业产业园脱贫致富的奔康路

蓬安县始终把脱贫攻坚作为"头等大事"，紧紧围绕助农增收这一核心，坚持以系统规划为引领，以脱贫奔康农民产业园为载体，以增强内生动力为关键，千方百计保障贫困群众稳定脱贫、长效增收、致富奔康，有力促进55个贫困村成功退出，1.73万名贫困群众如期脱贫，贫困发生率降至2.64%，如期摘掉贫困县帽子，实现了脱贫攻坚的首战首胜。

10.2.1 精准编制"三大专项规划"，厘清目标，靶向发力

蓬安县坚持规划先行，从县、村、户三个层面画好了增收"路线图"。一是立足长远编制产业扶贫规划。蓬安县深入调查

贫困村自然环境、资源条件和产业发展现状，充分尊重当地群众意见，结合农业产业"十三五"专项规划，精心编制产业扶贫五年规划和年度工作方案，确立了以"三百工程"为主要路径的发展举措。"三百工程"即加快建设100平方千米的国家现代农业示范园，全力打造全长100千米的优质柑橘、绿色粮油、经济林木、畜禽养殖产业带，连线成片、整体开发，带动100余个贫困村脱贫奔康。二是立足实际编制园区建设规划。蓬安县选准选好贫困村支柱产业，按照种植业、养殖业、加工业三大产业类别，分类分村编制脱贫奔康产业园建设规划，逐月明确基础设施建设、业主招引、产业培育等重点工作的责任主体和形象进度，实行倒排工期、挂图作战。三是立足精准编制到户扶持规划。蓬安县认真分析贫困户致贫原因和帮扶需求，充分发挥脱贫奔康产业园辐射带动作用，分户规划落实果蔬种植、畜禽养殖和劳务经济"三大增收计划"，并把技能技术培训、公益岗位兜底等项目列入扶持规划，实现了"户有当家产业、人有一技之长"。

10.2.2 努力探索"三大建园模式"，因地制宜，因村施策

蓬安县按照"依托大企业、建设大园区、发展大产业、实现大脱贫"的思路，建立健全龙头企业带动、专合组织领办、贫困群众入股"三方联动"机制，分年度、分步骤规划建设水果、畜禽、水产等脱贫奔康产业园100余个，目前已建成59个。一是"单村兴建"模式。蓬安县以单个贫困村为单位，通过支持现有新型农业经营主体扩大规模、鼓励农业企业建设产业基地、引导村集体成立专合组织、招引乡友回乡创业等方式，推进产业园建设。二是"跨村联建"模式。蓬安县通过发展同一产业，由同乡镇的多个贫困村联合建园，打破地域限制，实现共同发展、携手奔小康。同时，每个贫困村委派1名村"三职

干部",组成园区管理工作小组,定期召开联席会议,协调解决相关问题,促进产业园健康发展、持续壮大。三是"连乡成片"模式。蓬安县依托大型龙头企业、现代农业示范园等主体,整合多个乡镇资源,打造"产销加"一体的全链条产业园。我县依托南充市唯一的农村改革暨精准脱贫试验示范区建成的脱贫奔康产业园,核心区达50平方千米,通过连片产业辐射4个乡镇、17个贫困村,带动2 890人脱贫,形成了产业与扶贫的"双重亮点"。

10.2.3 着力创新"三大增收机制",稳定收入,防止返贫

蓬安县坚持以务实管用为目的,创新利益联结机制,动员农业龙头企业、专合组织等新型农业经营主体"牵手"贫困村,促进农村资源变资产、财政资金变股金、贫困群众变股东。2016年,共带动12 133名贫困人口入园发展,人均增收2 900元。一是"三股分红"促增收。蓬安县采取"参股入社、配股到户、按股分红、脱贫转股"的方式,通过资金入股、土地入股、免费增股三条途径,吸纳贫困群众参与规模化产业发展。二是"反租倒包"促增收。蓬安县产业园集中流转农户和村集体的土地、林地,完成基础设施建设和产业发展规划后,再由贫困户按照"一保、二包、三统一"的模式进行承包经营,即贫困户收入保底,产业园包生产物资和设备、贫困户包基本产量,产业园统一管理、统一技术、统一销售,实现互利共赢。三是"定岗务工"促增收。蓬安县积极搭建"家门口打工"平台,在每个产业园设立保洁、管护、防病等固定工作岗位,定期或不定期发布临时用工信息,引导有劳动能力、有技术、有一定文化水平的贫困群众就近就地入园务工,帮助其不离乡、不离土、赚钱顾家两不误。

10.2.4 全域开展"三大农技行动",强化支撑,提升质效

蓬安县始终注重强化科技创新驱动和农业技术服务,着力提升贫困群众稳定脱贫能力,打牢产业园发展底子。一是开展农技员全覆盖帮扶行动。蓬安县对全县 171 个贫困村逐村落实 1 名农技员,实行"一对一"技术帮扶,大力推行"四新"(新品种、新技术、新模式、新机制)和"六良"(良种、良法、良制、良壤、良灌、良机)模式。蓬安县依托 70 所农民技(夜)校,采取"集中学习、流动培训、上门助学"等方式,开展技术培训 63 期,2 万人通过培训实现稳定就业。二是开展专家团巡回指导行动。蓬安县组建农业综合技术专家服务团,设立种植业、养殖业、农机、科教四支小分队,采取"农忙时节常驻村、农民需求常到村、产业发展常联村"的方式,在全县巡回开展农业技术指导。三是开展校地合作深化行动。蓬安县持续加强与四川农业大学、西南大学柑研所等高等院校的校地合作,促进农业科技成果转化运用,提升农业发展的质量和水平。目前,已利用种养结合循环技术建成"玉-豆-草-畜"产业示范带 2 万亩。

10.2.5 多方开辟"三大筹资渠道",加大投入,有效保障

蓬安县采取"财政投入、金融支持、业主自筹"的方式,多管齐下,多措并举,筹措产业扶贫资金 3 亿元。一是有效整合财政资金。蓬安县在精准使用上级专项资金 2.3 亿元的同时,县财政安排产业扶贫资金 7 000 万元,并按一定比例逐年递增。蓬安县按照"规划引领、渠道不乱、用途不变、优势互补、各记其功"原则,以扶贫规划为平台,大力整合交通、水务、农业等涉农项目资金 2.3 亿元。二是用好用活金融政策。蓬安县采取金融与扶贫资金合作,通过政府贴息,开发"小额信贷"

金融产品,开展"农村产权抵押融资"试点,撬动金融和社会资本更多地投向贫困村、贫困户,助力产业发展。2016年,驻县金融机构共发放低息、贴息贷款1.9亿元,受益贫困户7 389户。三是引导业主加大投入。蓬安县加大新型农业经营主体培育力度,新招引投资5 000万元以上的龙头企业6家,新发展专合组织479个,投入资金1.3亿元。

10.3 遂宁市船山区牵住产业"牛鼻子",打好增收"四张牌"

遂宁市船山区始终坚持把产业扶贫作为增收脱贫的主攻方向,以扶贫产业发展促进农业园区建设,以农业园区发展整体带动贫困群众稳定脱贫、持续增收,走出了一条"村村入园、户户入社、人人增收"的产业扶贫新路子。全区农村居民人均现金收入增长12 837元,贫困发生率下降到1.6%。

10.3.1 打好园区"优势牌",由单打独斗向抱团发展聚变

遂宁市船山区立足城区近郊的区位优势和都市农业的产业优势,按照"由小到大、由特到专"的思路建设园区,以扶贫特色园区为载体发展产业助农增收。

积极培养"乡土能手"。遂宁市船山区坚持一户一策,着力培育一批本乡本土的产业脱贫典型,通过亲友互助、邻里互动,激发贫困群众"我也能行"的内生动力。近年来在全区32个贫困村培育新型经营主体286个,真正实现了扶贫产业扎根在当地、富裕在本村。

四方招引"产业龙头"。遂宁市船山区针对一家一业应对能力弱、增收门路少的问题,在家庭产业蓬勃发展的基础上,采

取"本土壮大一批、归雁回引一批、招商建设一批"的方式，吸引22家龙头企业在贫困村建立产业基地，带动扶贫产业向规模化、品牌化发展。

连片发展"扶贫园区"。遂宁市船山区依托永河、唐桂、龙老复3个大园区和10个乡镇农业小园区的"3+10"产业园区体系，突出一村一主业、一园一特色，坚持统筹基础设施、统筹产业布局、统筹龙头企业带动"三个统筹"，在连片贫困区域形成永兴镇台湾牛樟、桂花镇可士可四季橘香、河沙镇万亩莲藕等6个扶贫示范农业园区。贫困群众高兴地说："有了园区'做媒'，我们脱贫靠上了大老板，稳定增收有保障了"。

10.3.2 打好产业"特色牌"，由一产为主向三产融合转变

遂宁市船山区结合贫困村自然禀赋和贫困户的经济实力，梯次引导新型经营主体逐级向上发展，协调发展特色种养、农产品加工和生态旅游，建立起一二三产立体发展的特色扶贫产业体系。

念好"绿"字经巩固一产。遂宁市船山区着力项目落地见效，发展引进台湾牛樟、可士可柑橘、齐全养殖等特色种养项目28个，建成特色产业基地3.6万亩；大力推进"三品一标"认证，培育无公害、绿色、有机及地理标志认证42个，全区获得四川省首批无公害农产品基地整体认定；实施品牌战略，以农产品区域品牌"遂宁鲜"为统揽，成功打造"保生香""惠丰牌"等25个乡土品牌和知名商标。

念好"深"字经延伸二产。船山区鼓励种养龙头企业发展食品精深加工，引导辖区内工业企业到产业园区建设食品深加工基地，延伸产业链条，增加产品附加值。船山区已发展高金食品、菌绿海鲜菇、可士可橙汁等农产品加工基地12个。2016年实现农产品深加工产值87亿元。

念好"特"字经发展三产。船山区按照"无中生有"的思路，依托山水资源和种养基地，大力发展乡村旅游，已建成乡村旅游景点17个。特别是依托万亩莲藕基地，建设总投资6亿元的"十里荷画"景区，预计旅游年收入将达到1.25亿元。2016年全区实现现代农业产值30亿元，带动贫困群众人均每年增收1 860元。

10.3.3　打好产品"营销牌"，由无人问津向竞相定购蜕变

抓好产业扶贫增收，产品适销对路抢手是关键。船山区销出去、请进来"双管齐下"，将农副产品变成贫困户手中的真金白银。

狠抓传统销路优化。船山区加大扶贫产业农副产品种养、销售与市场信息对接力度，实行"市场+经纪人+农户"的模式，通过农业经纪人和行业协会等主体"牵线搭桥"，采取"订单入园、收购入村"的方式，与区域内纵横农副产品批发交易市场、大型商超、农贸市场等传统批发、零售主体深度合作，确保了农副产品产销适路。

狠抓体验观光农业。船山区充分发挥地处成渝节点和市区同城的优势，通过举办市民农场、亲子游、采摘节、钓鱼大赛等户外活动，将城市居民从麻将桌、烧烤摊"赶"到农村去。2016年，全区举办农产品营销主题活动7场次，在亲近自然、愉悦身心的同时，有力拓展了农产品的销售渠道。

狠抓农村电子商务。船山区与阿里巴巴、苏宁易购、天虎云商等电商平台合作，建成农村电商营运中心和贫困户电商服务站77个，大力推行线上订单销售，让本土产品成"网红"，将人人嫌弃的"滞销货"变成了人见人爱的"香馍馍"。船山农产品销售彻底告别了"担挑进城走半天，除去开支不赚钱"的悲情时代。

10.3.4 打好利益"共享牌",由渠道单一向多管齐下量变

船山区创新利益联结机制,千方百计让贫困群众搭上扶贫农业园区发展这班"快车",建立起"三个一批"的共享体系。

保障分红共享一批。船山区针对缺乏劳动力的贫困户,大力推行财政支农资金股权量化,将财政支持新型农业经营主体的产业资金和生产性基础设施资金的40%股权量化到贫困户和村集体,年均保底分红5%~15%。既壮大了村集体经济,又解决了无劳动能力贫困户持续增收问题。2016年涉及2 061名贫困人口人均增加收益1 460元。

利益联结共享一批。船山区针对有劳动能力的贫困户,积极推广高金双保寄养、可士可二八分成、齐全四六分成、倒包返租、劳务承包等利益联结模式,推进农业企业健康发展,促进贫困农户稳定增收;用好5万元以下、3年以内"免抵押、免担保"的扶贫小额信贷政策,鼓励贫困户以贷入股,获取政策性收益。2016年涉及910名贫困人口从龙头企业人均获得收益2 140元。

帮扶就业共享一批。船山区利用职教资源和全覆盖的农民夜校,加强对贫困群众职业技能定制化培训,采取转移就业、园区吸纳、创业带动、商会介绍、公益性岗位帮扶等方式,帮助2 800余名贫困劳动力实现就业。2016年贫困劳动力人均务工收入实现8 200元。

10.4 宣汉县做大做强牛产业,唱响增收主旋律

宣汉黄牛、蜀宣花牛是宣汉县独立拥有的两个国家级优良地方品种,历届县委、县政府始终把牛产业作为全县农村经济

发展、助农脱贫增收的第一支柱产业来抓。2016年，全县牛存栏19.8万头、出栏10.2万头，实现牛业产值8.2亿元，养牛户年户均增收3万元，成为四川省农区养牛第一大县。1.2万户建卡贫困户养殖蜀宣花牛15 280头，带动贫困户年户均增收3 185元，减贫1.5万人。

10.4.1 政府推动，搭建脱贫攻坚大舞台

县委、县政府"三强化"搭建牛产业发展大舞台。宣汉县强化规划引领，先后出台了《大力发展牛经济的意见》《加快蜀宣花牛产业发展的意见》等系列文件，推动牛产业健康发展。截至目前，宣汉县基本形成蜀宣花牛保种繁育区、肉用发展区、乳用发展区和宣汉黄牛保种区的牛产业发展布局。2016年，县委、县政府出台了《2016年蜀宣花牛产业发展实施方案》和《鼓励和引导工商资本进入现代农业发展的意见》，专门预算500万元财政资金对全县养殖蜀宣花牛的贫困户按照2 000元/头给予财政资金补贴，专列打捆项目资金1 000万元用于支持帮助贫困养殖户改善养殖设施，实行标准化养殖；同时，鼓励和引导工商资本进军现代农业发展牛产业，对投资500万以上、饲养蜀宣花牛1 000头且带动贫困户500户以上的工商资本从项目支持、财政补助等6个方面给予政策优惠。通过政策扶持，全县2016年共引进工商资本1.5亿元，发放养牛贷款2 000万元，催生养牛大户500余户，带动贫困户9 255户。县委、县政府建立了产业扶贫片区推进流动现场会制度，县委、县政府主要领导亲自挂帅，带领县级涉农部门主要负责人、乡镇党政一把手定期深入到每一个乡镇、每一个贫困村看产业发展、看扶贫效果，其中必看蜀宣花牛产业。通过相互看、相互比、相互评的形式，促进了全县蜀宣花牛产业迅猛发展。目前，全县54个乡镇、211个精准贫困村建立20头以上规模的蜀宣花牛养殖示范

场105个,带动贫困户养殖蜀宣花牛2 450头。

10.4.2 创新驱动,护航科技扶贫大服务

坚持科技兴牛理念和外引内联模式,强力推进牛产业大发展。宣汉县依托中国农业大学、四川省畜科院等科研院所,建立健全"首席专家+县级科技特派员+乡镇技术专员+村社技术骨干"四级联动的科技扶贫服务体系,挂牌成立了省畜科院川东分院、蜀宣花牛研究所,建成大成锦宏蜀宣花牛种牛场1个、明月蜀宣花牛等扩繁场25个、人工授精站(点)56个,每年向全国推广蜀宣花牛冻精50万支以上;与北京京达商通实业投资有限公司联合开展"智慧农业·杂交构树与蜀宣花牛种养结合"示范基地建设项目,建立杂交构树示范区,带动贫困户脱贫增收;大力实施农业科技人员带薪离岗,承包、领办、创办经济实体或开展技术服务,助推产业扶贫战略,仅牛产业一项,全县就有31名农业科技人员和15个科技团队申报牛业创新创业项目,实施牛产业脱贫攻坚课题研发及创新推广项目32个,带动全县4 585户贫困户参与创新创业试点工作。

10.4.3 三产互动,拓宽产业体系大发展

宣汉县把"粮改饲"和延伸产业链、提升价值链作为提高牛产业整体效益、促进农民稳定增收的重要抓手;积极推进"峰城玉米"和"蜀宣花牛"两张名片的融合发展,全面开展粮改饲试点工程;2016年,全县种植优质牧草和饲用玉米面积达23.6万亩,处理秸秆34.86万吨,建成裹包青贮示范点100个,裹包青贮1.5万吨,秸秆饲料化利用率达27.5%;在"全国电子商务进农村综合示范县"项目建设和承办第十一届(2016)中国牛业发展大会的背景下,推进"互联网+牛产业"发展,实现牛产品线上线下互动;成功引进达州康奕达、四川

佳肴食品等省市龙头加工企业8家，开发牛肉制品5大系列30余个品种，建成牛文化展厅2个、牛类产品体验馆1个、特色牛文化餐厅3家、专卖店130余家，实现年销售收入5.8亿元，直接或间接带动全县近2万贫困人口增收。

10.4.4 利益联动，唱响助农增收大旋律

宣汉县利用新型经营主体及能人经济在脱贫攻坚工作中显现的多端示范效应，大力弘扬"一人富不算富，大家富才算富"的帮带精神，积极探索"养殖场供牛、贫困户领养、利润2∶8分成"的牛寄养模式，"贫困户供牛、养殖场养牛、利润5∶5分成"的牛托管模式，"贫困户与能人共同出资、合伙经营"联合养殖模式和"127"（即专合社占纯收益的10%、公司占20%、农户占70%收益）、"136"（即村集体占纯收益的10%、专合社占30%、农户占60%）、"11233"（即10%作为集体经济收入，10%作为合作社公积金，20%作为科技人员创新创业分红，30%作为股权量化分红，30%作为社员分红资金）等收益分配模式，"以一带十、十带百、百带千、千带万"辐射带动贫困户抱团发展牛产业，实现脱贫致富。2016年，宣汉县参与抱团发展贫困户仅牛产业养殖一项就实现户均增收3 000元以上。

10.5 射洪县农事服务超市：川中丘区贫困户脱贫致富的"助推器"

射洪县创新采取"农事服务超市+农机专合社+贫困村+新型农业经营主体+农户（贫困户）"的经营模式。射洪县围绕"六代四定一补"，为农户提供"托管式"农机全程化服务，为有劳动能力的贫困群众提供700余个就业机会，人均增收8 000

元以上。

10.5.1 加大政策支持，提升农业社会化服务专业水平

射洪县积极整合粮油高产创建、现代农业、农业综合开发、新型职业农民培训、政府购买公共服务等涉农项目，建设高标准农田，实现"三网"配套，保障农机高效作业。县农业局对专业合作社、农事服务超市在装备能力提升、作业关键环节、技术培训等方面给予优先支持扶持；对农机服务主体的阵地建设给予补助，利用相关项目对农机服务主体购置大中型农业机械给予50%的累加补贴；利用新型农民工职业培训等项目对农机服务主体的从业人员进行机具维修、驾驶操作、经营管理和安全生产等方面的培训，为超市培养一批懂技术、会操作、会管理的人才；积极落实农机作业补贴资金，县级财政每年安排预算资金用于农机作业补贴，大力支持农机服务主体发展。射洪县本着"放手不放任，帮办不包办，扶持不干预"的原则，切实做到以规范促发展，制定了《农事服务超市章程》《财务管理制度》《安全生产管理制度》《农机作业技术规范》等内控制度建设和岗位职责。同时，射洪县切实加大"农超"对接服务力度，及时为社员和其他农户提供信息、技术服务，开展农产品购销、农资代购等业务，拓宽经营渠道，壮大超市服务实力。

10.5.2 创新服务方式，解决贫困户因缺劳力导致的土地撂荒和经营成本过高的问题

射洪县以"农事服务超市+新型农业经营主体+贫困户"的经营模式，开展了以下三种服务方式：一是"托管式"服务，即代耕、代种、代管、代收、代购、代销一条龙服务。贫困户将承包土地托管给农事服务超市，农事服务超市根据托管协议开展代耕代种代收等全程农机作业服务，收获的粮食归贫困户

所有，农事服务超市获得以粮食或现金结算的托管费。二是"订单式"服务，即农事服务超市统一制定机耕、机播、植保、机收等作业服务和收费标准，由贫困户自主选择服务项目，并按作业量支付服务费，如机耕，机播，机收，植保等。三是"承包式"服务。贫困户提供土地，由超市进行全方位作业，固定给农户提供农作物或现金报酬。射洪县制定了统一服务项目、统一质量标准、统一指导价格，通过推行多种服务形式，不仅满足了广大贫困户的生产需要和个性化需求，而且逐步形成了更加紧密的市场化运作机制，实现了贫困户经济效益的最大化。

10.5.3 创新经营模式，让贫困户通过收益保底、按股分红稳步增收

射洪县积极创新"农事服务超市+农机专合社+新型农业经营主体+农户""农事服务超市+农机专合社+贫困户"等经营模式，与农民形成利益联结机制。一是以村"两委"为核心，引导农户自愿将土地流转给农事服务超市或农机合作社集中经营，农户既能获得租金收入，还能在超市打工获得一定的务工收入。二是引导农户自愿将土地入股到农事服务超市或农机合作社，实行收益保底、按股分红。三是本着自主自愿的原则，引导农机户以农机具等为股本加入农事服务超市或农机专业合作社共同经营。四是探索建立"村集体主导、合作社组织、贫困户入股"的农事服务机制。经营模式的创新，实现了农民增收和推进农机化的"双赢"，以水稻为例，传统方式种植1亩水稻从购种到收割共需投入1580元左右，而农事服务超市全程化服务从购种到收仅需投入生产成本930元左右，每亩可节约成本650元左右，变相为入社的农户、贫困农户增加了收入。

10.6 古蔺县甜橙：赤水河沿岸一颗脱贫致富闪亮的"明珠"

近年来，古蔺县立足"生态田园，红色古蔺"的定位，以园区建设为支撑，把发展甜橙产业作为全县群众脱贫增收的重要农业产业来抓。2016年，全县甜橙种植面积达11.85万亩，带动果农人均增收4 000元。

10.6.1 精准帮扶，孕育富民产业，助力脱贫攻坚

古蔺县在助贫惠农上探索精准脱贫模式，制定"三精准"原则：一是精准定向面对贫困户；二是精准定额股权分配方案（贫困户以土地入股的形式参与优质果园打造，共享甜橙产业发展红利，其中贫困户占股80%，专合社占股20%）；三是精准定向聘请入股贫困户参与果园田间劳作，优先满足贫困户的就业与技术提升需求。古蔺县通过在马蹄乡马岭村王家寨进行试点，动员贫困户26户出让土地560亩，由专合社统一规划，栽种优质纽荷儿脐橙、朋娜脐橙，打造"三精准"脱贫产业园。随后"精准"模式推广到果园村、纳盘村、兰花村和墙院村。目前，"三精准"模式入股贫困户达125户、435人，助贫困户人均增收2 000余元。2016年，全乡甜橙投产面积达到1.8万余亩，产量达1 800千克，产值达6 000元以上，农民人均增收2 500余元，甜橙真正成为全乡核心产业，先后有120余户贫困户通过种植甜橙实现脱贫致富。同时，通过产业发展，古蔺县建起了奢彝新村，成为带领群众幸福奔小康的闪亮点。全乡9个行政村，种植甜橙3.2万亩，甜橙产业带动2 500余户、12 200余人实现增收，增收达800元/人。

10.6.2 量体裁衣，发挥堡垒作用，效益迅猛增长

古蔺县在产业发展中创新扶贫机制，针对贫困户量体裁衣，采用"三针对"帮扶模式。一是针对有劳力、有土地的贫困户，专合社实行挂钩结对帮扶措施。通过与贫困户签订帮扶协议，结成帮扶对子，"手把手"指导种植技艺，免费提供种苗、生产物资等，引领贫困户规模化、科学化自主发展甜橙产业。2016年，在专合社的帮扶下，32户贫困户甜橙收入上万元。二是针对缺土地、缺资金的贫困户，采取永久性分红帮扶措施。用贫困户向政府借贷的产业扶持周转金作为入股基金，交由专合社打造优质甜橙产业园，贫困户享有永久性分红权。三是针对荒山闲置量大的贫困户，采取回收成本发展模式。专合社向贫困户租赁荒山发展甜橙产业，租赁年限到期亦即成本回收后，将土地并果树一并归还贫困户，贫困户无须任何资金投入便可有自己的甜橙产业。

2016年，古蔺县依托全国各农产品博览会、展销会，专合社携优质果品参加展示展销，积极与一线城市果品批发、零售企业联系，实现农超对接，产品成功进入重庆、上海、北京等大城市的超市中。近年来，古蔺县订单外销200余万吨，产值逾千万元。同时，古蔺县在邮乐网、淘宝、微商上建立销售平台，打通线上销售渠道。

10.6.3 打造品牌，产优质农产品，巩固攻坚成果

古蔺县赤水河沿岸属低矮河谷地带，是全国甜橙鲜食精品产区之一。"蔺州马蹄"系列甜橙产品品质极优，果品果质得到国内外专家充分肯定。2016年"蔺州马蹄"获四川省著名商标等荣誉，并获国家有机食品认证。古蔺县成功举办"采摘文化开放月"，在泸州农特产品推介会与"中国追溯"联手打造甜橙

产品可追溯体系，倾力打造"蔺州马蹄"农特产品"绿色、有机、安全"形象，成功创建国家级食品安全示范区暨出口示范区，实现销售收入 1 485.86 万元，盈余返还 166.84 万元，古蔺赤水河甜橙正走上提质转型发展轨道。

10.6.4 强化管理，创造更大成效，夺取全面胜利

2016 年，古蔺县出台了《古蔺县出口甜橙质量安全示范区建设方案》《古蔺县出口甜橙质量安全示范区建设目标考核管理办法》等保障性文件，指导古蔺县马蹄甜橙专业合作社制定《合作社甜橙管理手册》，并与泸州出入境检验检疫局签署了《共同建设古蔺县出口甜橙质量安全示范区合作备忘录》，切实密切合作，加强实地指导。同时，古蔺县还与中国农科院柑橘研究所签署了示范基地建设科技合作协议，为出口甜橙标准化生产提供了更有力的技术支撑。

10.7 美姑县一个小土豆，撬动一个大产业

美姑县地处四川省凉山州东北部大凉山腹心地带，是国家级扶贫开发工作重点县。近几年，县委县政府狠抓农业产业结构调整，大力推动马铃薯产业发展，马铃薯种植规模从 11 万亩增加到 21 万亩，良种覆盖率从 30% 增加到 90%，成为农民增收致富的主导产业。2016 年，通过马铃薯产业发展，全县农民人均纯收入增加 480 元，3 649 户贫困户、10 495 人贫困人口脱贫致富，助农增收、产业扶贫效果显著。

10.7.1 确定主导产业，优化品种结构

美姑县土地资源丰富，气候冷凉、昼夜温差大、日照长、

雨量充沛，是马铃薯生长的适宜区域。马铃薯作为美姑县三大粮食作物之一，广大农民形成了马铃薯种植习惯，并积累了丰富的种植经验。为此，2011年美姑县出台了《美姑县马铃薯产业发展实施意见》，把发展马铃薯产业确定为产业扶贫的支柱产业。同时，为解决马铃薯品种单一、种性退化等问题，2010年美姑县从甘肃、云南、贵州等地引进"青薯9号""丽薯7号""威芋3号""云薯201"等马铃薯良种200吨进行品比试验，筛选出具有高产、优质、高抗等特性的"青薯9号"作为主推品种示范推广，亩产2 500千克以上，较原主推品种增产1 000千克以上。2011—2016年美姑县累计推广"青薯9号"11 303吨，建设集中连片种薯基地4.3万亩，马铃薯良种面积提升至10万亩，良种覆盖率达50%，马铃薯良种化进程明显加快。

10.7.2 创新借还机制，助推精准扶贫

美姑县把马铃薯产业发展机制创新作为首要任务来抓，探索形成马铃薯"借薯还薯"发展机制，即由县农牧局从省外或本县马铃薯良种基地组织调运种薯，借给贫困户种植，收获后等量归还所借的种薯，再次借给其他贫困户；对于薯农归还后剩余部分由县政府投入资金按2元/千克回收，投放到良种未覆盖区域，形成了滚动、良性循环发展局面，大大提高了扶贫资金利用效率。美姑县通过"借薯还薯"工程的推进实施，2016年借出马铃薯种薯175.5万千克，除去归还和自留的种薯，销售种薯130万千克，直接经济收入达260万元，贫困户户均马铃薯收入达2 364元，产业扶贫效果显著。例如，2016年农作乡依色村贫困户吉拉阿沙种植8亩马铃薯，生产种薯1.95万千克，出售1.35万千克，收入达2.16万元，人均4 320元。

10.7.3 强化科技支撑,提升种植水平

美姑县坚持把科技兴薯作为马铃薯产业发展壮大的首要举措,不断强化科技成果应用和人才培养,马铃薯产业服务体系日趋完善。一是加强良种良法配套技术应用,新品种、新技术得到转化应用,科技成果对美姑县马铃薯产业发展的贡献率达52%。二是邀请凉山州农牧局、凉山州农科所和四川农业大学等技术部门和科研院校马铃薯专家定期开展马铃薯技术服务讲座和现场指导。2016年累计开展技术服务6次,现场技术指导12次,培训县乡农业科技人员280人次,提高了全县农业科技人员业务水平和服务能力。三是州、县农牧局科技人员深入开展进万村技术扶贫工作,2016年全年共开展马铃薯生产技术培训30期,发放标准化种植技术规程600余份,培训贫困户3 100户、5 230人次;开展马铃薯现场示范培训32期次,发放技术资料21 500份,培训36 500人次。

10.7.4 延伸服务链条,促可持续发展

一是坚持做大基地,做优产品,做出品牌的思路,大力打造凉山绿色马铃薯品牌,提高产品知名度和市场竞争力。二是积极培育新型农业经营主体,形成专业合作社、种植大户、家庭农场等多种经营主体共存的良好局面,为马铃薯病虫害防治、技术指导、产品购销、储藏运输等方面提供服务,推动马铃薯产业向生产标准化、种植规模化、集约化发展。三是积极开拓市场,提高马铃薯商品率。在现有营销模式的基础上,美姑县充分利用现有部门门户网站,及时发布马铃薯生产和市场信息,积极探索农村淘宝、微店等电子商务模式,马铃薯知名度和销售量显著提高。美姑县目前年出售马铃薯15.25万吨,商品率达62.5%。四是加强与马铃薯加工企业联系,按照"公司+基地

+农户"模式,美姑县积极发展订单农业,生产适销对路的马铃薯品种,积极探索互利共赢的利益联结机制,推动马铃薯产业发展。

10.8 沐川县以"百企帮百村"为载体,新型经营主体成为产业扶贫新动力

近年来,沐川县紧紧抓住产业扶贫这个关键,以"百企帮百村"为载体,形成政府部门、新型经营主体、金融机构、贫困农户四方互动帮扶机制,有力地促进了产业发展和贫困户稳定增收。目前,全县在推进扶贫攻坚中培育新型农业经营主体418个,发展林竹、茶叶、水果、林下养殖、生态水产等五大产业,依靠产业发展减贫6 074人,占减贫人口的58.6%。

10.8.1 帮扶主体面上带,着力解决"谁来帮"的问题

发展特色产业基地。沐川县围绕已有的农业产业基础,引导农民合作社、农业企业等帮扶主体实施面上帮带,做大做强绿色产业发展支撑;以永丰纸业、一枝春茶业、旭峰果业、黑凤凰公司、团结生态水产等为代表的农业公司、农民合作社大力开展产业扶贫帮扶行动,带动贫困村、贫困户发展"一村一品"特色主导产业,形成153万亩林竹、22万亩茶叶、5万亩猕猴桃、350万只林下养殖、2.2万亩水面生态水产等特色产业规模。目前,沐川县已发展林竹、茶叶、猕猴桃、水果、蔬菜和休闲观光农业的主导产业贫困村分别达到8个、16个、5个、4个、4个和6个,实现43个贫困村均有主导产业,7 271户贫困户均有增收骨干项目。

培育壮大帮扶主体。沐川县制定出台了《关于促进农民增

收的意见》《沐川县农村土地经营权流转管理办法》等28项扶持政策，着力放活土地经营权，培育壮大新型农业经营主体，多种形式发展农业适度规模经营，推动现代农业加快发展；培育新型农业经营主体达到1 400余个，建成市级以上农业重点龙头企业18家，其中国家级龙头企业1个，省级龙头企业2个；培育农民专业合作社300家，其中国家级示范社2家，省级示范社10家，土地流转面积达到8.4万亩。四川永丰纸业股份公司成为西南地区最大的竹浆纸一体化企业，四川森态魔芋科技有限公司成为乐山市农产品最大加工出口创汇企业，益民猕猴桃专业合作社被评为农民合作社全国示范社。

建立产业帮扶对子。政府主导，引导帮扶主体与贫困村、贫困户结对帮扶，开展产前、产中、产后一条龙服务，增强贫困户发展产业的信心，解决贫困户缺资金、缺技术、缺市场等问题，带动贫困村、贫困户产业发展步入快车道。目前，全县已有13家农业企业、28个农民合作社，与43个省定贫困村建立"1+N"（一个帮扶主体根据产业与1个或多个贫困村）联姻帮扶对子，总投资1.94亿元，引领带动发展产业基地5.5万亩，养殖畜禽22.77万头（只），实现产值2.38亿元，带动农户户均增收1.9万元，惠及农户12 489户，其中贫困户1 750户。

10.8.2　创新机制联动帮，着力解决"怎么帮"的问题

资金入股，让产业发展"不差钱"。沐川县探索"龙头企业+合作社+基地+贫困户""资金入股分红"等模式，引导帮扶主体与贫困村、贫困户建立多种形式的利益共同体，提高贫困村、贫困户产业持续发展和农民持续增收的能力；引导贫困村、贫困户将产业扶持周转金、产业项目资金等入股帮扶主体，让贫困户在发展产业的同时获得财产收益。沐川县茨湾养鸡专业合作社有成员45个（其中贫困户43个），筹集资金60万元发展

林下养殖，其中业主投资20万元，贫困户产业项目资金28万元，村级集体资金6万元，扶贫专项资金6万元，建成标准化仿生态林下养殖鸡舍1 900平方米，年出栏3万只，2016年实现盈余13.5万元，户均3 000元。

资产入股，让沉睡资源"活起来"。沐川县引导农户带地入社、折股量化后分享合作社收益，激活土地资源的脱贫攻坚能量。沐川县都得利藤椒种植专业合作社采取土地入股模式，发展成员263户，按每亩土地经营权入股折资4 500~5 000元，农户入股土地面积3 300亩、折合3 168股。其中23户贫困户250亩、折股240股。合作社将从土地禁锢中释放出来的劳动力41人组建成为劳务服务队，既服务于本社又统一对外开展作业服务。目前，合作社已种植藤椒2 200亩，实现收益70.25万元。杨村乡团结生态水产养殖专业合作社利用茨岩河7千米长的千亩水面发展生态水产和旅游，入社成员446户。其中贫困户103户，每户股金500元，采取"政府无偿提供河域使用权、合作社自治管护、群众共同受益"经营方式，合作社获得养殖权，明晰产权关系，完善盈余分配制度，大力发展生态冷水鱼，开发漂流、垂钓等乡村旅游项目，推进水产养殖产业化和第一产业和第三产业融合。2016年人均分红110元，预计2017年可达1 500元以上，让"天然河道变成黄金水道"。

订单农业，让优质产品"不愁卖"。沐川县引导帮扶主体与农户建立契约关系，找好市场再生产，解决农产品销售难题，为农民增收保驾护航。四川天马晨达农业科技有限公司采取"企业（合作社）+基地+农户"模式，在与茨竹、杨村、高笋等乡镇签约农户近700户（其中贫困户300余户），按照"五统一"标准种植中药材和蔬菜4 000亩，按保底价、收益比例分成办法收购产品，就近建立年加工能力2万吨的中药材和脱水蔬菜加工厂。2016年，签约农户增加收益205万元，农户户均增收 2 928 元。目前，全县有 26 个新型经营主体，采取订单农业模式，签约农户 920 户，订单收购林下养鸡 15 万只，蔬菜、中药材等 8 500 余亩。

技术入股，让贫困户成为科技"明白人"。帮扶主体技术入股深度参与，形成紧密利益联结机制，不仅能够有效扩大产业发展基地，而且能够有效缩短优良品种、先进科技、企业管理的应用周期。同时，通过面对面讲、手把手教，有利于培养一批农民"土专家"。一枝春茶业公司采取技术入股方式在底堡乡建立股份合作制龙神茶场，公司负责管理、技术和产品回收，技术入股占比 30%，村委会占股 10%，全乡 616 户贫困户以产业扶持资金入股占 60%，投产之前的 3 年保底分红，投产后按股分红，现已流转土地建成标准化茶园 867 亩，贫困户年保底分红 43.35 万元，户均 500 元。茶园投产后，预计企业年获利 34 万元，村级集体经济年收入 11 万元，贫困户年均增收 1 100 元。

10.8.3 市场运作平台促，着力解决"帮出效"的问题

搭建融资平台。沐川县推动银企合作，政府牵线搭桥，促进银行与帮扶主体成功对接扶贫项目 12 个、授信 11.38 亿元，签订贷款合同 9.66 亿元；实施扶贫小额信贷，帮扶主体按相应信贷政策贷款 556 万元，带动 139 户贫困户发展产业，放大金融扶贫资金效益。

搭建营销平台。沐川县建设沐川县电商孵化基地和"绿购"沐川农产品销售平台，建立村淘、京东、易田等电商站点 200 个，乡镇、村级电商覆盖率达到 100%，推动优质农产品上线销售，2016 年电商交易额突破 1 亿元；创新开展"源自沐川幸福年货节"，组织 12 家农特产品企业进驻乐山万达、华联、王府井等大型商场超市，引导 16 家"沐川造"企业进入互联网电商

平台，着力提升提高农产品知名度和影响力。

搭建品牌平台。沐川县实施农业品牌建设专项奖补政策，支持帮扶主体发展品牌农业，提升农产品附加值和市场竞争力。现已培育中国驰名商标1个、四川省名牌产品4个，认证"三品一标"基地43万亩、农产品42个。森态魔芋公司产品已取得美国、欧盟、日本有机认证，2016年出口创汇1 615万美元。

10.9 南部县培育新型经营主体，引领产业精准扶贫

南部县是国家级贫困县，也是2016年四川省5个"摘帽"贫困县之一。2016年，南部县委、县政府把培育新型经营主体作为突破口，做大做强脱贫产业，成功实现了脱贫摘帽。

10.9.1 招引龙头企业，引领脱贫产业集群发展

南部县成立了现代农业专题招商小组，制定了优惠政策，落实了专人和经费，采取主动出击、敲门招商的方式，围绕脱贫主导产业招引，签约落地了一批带动能力强、科技含量高、产业链条长的旗舰性行业龙头型企业，引领优势特色种养业、农产品精深加工业、休闲观光农业等行业不断发展壮大，做大做强。近3年来，南部县共招引市级以上农业龙头企业16家，其中国家级1家、省级7家。招引的广东温氏集团采取"龙头企业+合作社+能人+农户（贫困户）"模式，实行企业引导、合作经营、棚主负责、农户参与、按股分红。以村为单位组建合作社，适度规模发展温氏生猪、肉鸡托养，采取由温氏集团统一圈舍建设标准，统一提供种苗（仔猪、鸡苗）、饲料、药物和技术指导，保障生猪、肉鸡出栏回收平均利润分别不低于170

元和3元的"五统一保障"模式，建立脱贫奔康养殖产业园。每个养殖大棚投资24万元，由合作社补助5万元，温氏集团补助5万元，棚主（能人）入股4万元，其余10万元由贫困户通过扶贫贴息贷款入股。公司计划总投资5.5亿元，发展生猪标准化规模养殖场400个，肉鸡标准化规模养殖场650个，建设20万头仔猪繁育场、25万套种鸡场和14万吨肉鸡饲料生产线，带动全县畜牧脱贫产业快速发展。云南陵江实业有限公司投资3亿元，建设1万亩中药材（以白芨、附子、厚朴、黄柏为主）标准化种植基地，打造"中国白芨之乡"；阿里巴巴集团投资5亿元，建设了1个3 000平方米的县级淘宝服务中心、300个村级淘宝服务网点，突破农业产业发展的物流、信息流和营销"瓶颈"。

10.9.2　发展专合组织，带动贫困农户抱团发展

南部县充分发挥村"两委"在产业扶贫工作中的组织带头作用，大力发展以村为单位的农民合作社，由村"两委"干部担任合作社负责人，农民以土地承包经营权入股，实行"村支部+合作社+能人+农户"发展模式，合作社坚持做到"四联"，即联民（农民）联社（合作社）、联种（种植）联养（养殖）、联管（管理）联营（经营）、联富（富裕）联美（美丽乡村）。南部县努力发展农机农艺融合，耕、种、收、烘全程推广使用机械，实行"收益"托管经营；让返乡创业人员和贫困户中懂技术、会管理的能人领办合作社、家庭农场，适度规模发展优质水果、畜禽等优势特色产业，实现村集体和农民"双增收"；采取"土地入股，国资参股，保底分红，二次返利"的经营模式，最大程度地带动贫困户组织，抱团发展，实现互惠共赢，就地脱贫。例如，铁佛塘镇通过股份合作，建立"大园区+小业主"，规模发展特色水果"不知火"10 000亩，并打造出了"金

果今吉"品牌。南部县通过委托管理、承租返包、订单收购等模式带动当地贫困农户462户，年户均增收1.5万多元。目前，全县共发展农民合作社909个、家庭农场1 182家。近3年来，成片规模发展以脆香甜柚为主的特色水果8万亩、中药材5万亩、优质桑园5万亩、生态水产养殖10万亩，年出栏生猪100万头、家禽1 000万只。

10.9.3 落实配套政策，促进脱贫产业做大做强

县委、县政府出台了《关于扶持和促进农民专业合作发展的意见》《农业招商引资优惠政策》《关于加快推进新型农业机械化的实施意见》等配套优惠扶持政策，明确了在用地、税收、信贷和项目安排、基础建设、品牌创建、农机购置等方面给予支持和补助，为新型农业经营主体发展壮大创造良好条件。近年来，南部县坚持"渠道不乱、用途不变"的原则，全县每年统筹整合农业、水利、国土、交通等方面的涉农资金3亿多元，支持贫困村基础设施建设和新型经营主体发展。县财政不断增加支农资金中扶持农业产业发展的比重，撬动农户和社会民间资本的投入。南部县大力推行"社会招商、多元投入"市场机制，可市场化的项目实行公开招商，并出台配套系列优惠扶持政策，广泛吸引工商资本、社会资本等积极投资水果、中药材、畜禽、休闲农业等产业发展，实现互利共赢。南部县对被认定为国、省、市农业产业化龙头企业，分别一次性奖励30万元、20万元、5万元；对连片规模发展粮油、水果、中药材达到500亩以上的，每亩一次性补助300~500元；对以村为单位成立的农机合作社购置的农业机械（原值50万元以上），除享受国家购机补贴外，县财政按国家实际补贴金额的30%予以累加补贴。县上将水果、粮食、生猪等纳入政策性农业保险范围，降低产业发展风险。金融机构为贫困户评级授信，创新和畅通贷款渠

道，落实 20 000~50 000 元产业发展贷款，财政予以贴息，有效解决了贫困户发展产业的投入难、起步难；充分发挥财政扶贫资金的引领作用和撬动效益，为贫困村和贫困户分别落实了 20 万元的产业周转金和 3 000~5 000 元的产业扶持资金，扶持"脱贫奔康产业园"建设和户办"四小工程"（小庭院、小养殖、小买卖、小作坊）。

10.9.4 创新扶贫机制，保障脱贫产业长效发展

南部县坚持政府引导、市场主导、部门主推、群众主体的产业扶贫机制，做到自上而下宣传、自下而上决策，指导不拍板、群众说了算，充分保障群众的知情权、参与权、决定权；坚持"三议"（村"两委"提议、村民代表审议、全体村民决议）定产业，"三助"（国家补助、群众自助、社会捐助）筹资金，实行"四跟四走"（金融跟着穷人走、穷人跟着能人走、能人跟着龙头走、龙头跟着市场走）精准帮扶。南部县大力新建"脱贫奔康产业园"，做到村有当家产业，贫困户长远致富有支撑。为了解决贫困农户产业发展无技术、无资金、无劳力的难题，南部县按照产业、贫困户、政策资源向园区集中"三个集中"的方式，创新建立"龙头企业+专合组织+贫困群众+金融+保险"的"五方联盟"机制，让贫困户与优势市场主体、金融、保险机构联结起来，采取龙头企业带动、合作社领办、贫困户入股、金融贷款支持、保险公司跟进的方式，村村建园、户户入园，促进产业园区化、农业工厂化，把千家万户的"小"变成一村一业、一乡一品的"大"。2016 年，全县建成"脱贫奔康产业园" 194 个，其中，肉鸡、生猪等养殖业产业园 55 个；果药、食用菌、蚕桑等种植业产业园 139 个，发展了托养生猪、肉鸡共 1 200 多万头（只），带动了包括 1.2 万户贫困户在内的 4.5 万多户农户增收致富。南部县大力实施"四小工程"，做到

户有致富门路，当期能增收。南部县根据贫困户的实际，按照"一户一策"原则，分户精准规划实施"四小工程"；因地制宜打造以水果为主的小庭院、以农家生态养殖和桑果林下绿色养殖为主的小养殖，致力把小庭院、小养殖培育成大品牌。南部县发挥大户、能人带动作用，支持有基础有条件的贫困户经营竹木制品、方酥锅盔土特产品加工等小买卖，开办小作坊。2016年，全县实施"四小工程"12 853户，占贫困户总数的75%。其中，小庭院4 713户、小养殖6 500户、小作坊780户、小买卖860户。

10.9.5 强化科技支撑，确保贫困农户稳定脱贫

产业扶贫，科技先行，南部县充分发挥农业科技人员在产业扶贫中的尖兵作用，全县198个贫困村落实了驻村农技员200人；为全县每个贫困户制作了一个帮扶联系卡，将驻村农技人员的姓名、头像、职务、单位、技术特长、联系电话及"五个一"的帮扶措施都明确在联系卡上；结合生产实际，组织专家技术骨干，编写印制科技扶贫培训教材15 000套，农民实用技术培训12 700人次，共推广新品种、新技术、新模式35个，新机具4 500台（套），建立农业科技示范村66个；加强与科研院校合作，与四川农业大学签订了帮扶合作协议，川农大围绕南部农业产业发展的重点领域，以项目为载体，将南部县作为教学、科研和成果转化基地，采用"请进来，走出去"联合办班的形式，为南部县培养多层次的专业人才，支撑脱贫产业发展；创办"农民技术学校"，强化实用技术培训；按照果树、中药材、家禽、水产、粮油、农机6个专业建立教学班，农牧业局抽派了相关专业技术骨干担任班主任和任课教师，根据农时季节、养殖环节和产前、产中、产后的不同需要设置了培训内容，系统地制订了教学计划，采取产学研相结合的办法强化培训，

农闲时节多学,农忙时节少学,甚至利用晚上学习,教学方式和时间灵活多样;大力实施"三个一"培养工程,远近结合深挖穷根,既防止贫困代际传递,又确保贫困群众有一技之长,能稳定脱贫;通过进行教育助学对有条件的贫困户每户培养1名以上大中专学生,县财政安排资金1 200余万元,按政策兑现各阶段、各年级贫困学生补助,全县9 815名贫困学生无1人辍学;通过进行科技培训,帮助1.1万贫困户每户培养1名技术明白人;通过联合15家南部驻外商会,为帮扶农户培养1名劳务致富能干人,并促成9 400多户贫困户转移就业。

10.10 平昌县小茶叶:撑起山区农民脱贫致富"大脊梁"

近年来,平昌县将茶叶产业作为加快推进脱贫奔康步伐的主导产业来抓,把种好"摇钱树"、打好生态牌、接好产业链、盘活旅游资源作为守住绿水青山、田园风光和同步小康的战略定位,一路引领绿色发展,蹚出了一条山区产业扶贫新路子。2016年,17个栽茶贫困村实现"摘帽",减贫1.37万人,户均茶产业增收1万元。

10.10.1 蓝图变产业

平昌县委、县政府高度重视茶叶产业发展,一张蓝图绘到底,咬定青山不放松,一任接着一任干,一届接着一届抓,专注定力,持之以恒。平昌县坚持从规划入手,科学编制《平昌县现代茶业发展规划》,突出全域全面、特色优势、长短结合、功能配套,注重与产业扶贫、乡村旅游、巴山新居、土地利用等16个专项规划配套衔接,形成"1+1+16"产业专项规划体系。从 2012 年开始，历经四年多的不懈努力，平昌茶产业已从抓基地、抓管理转向抓加工、抓品牌和抓市场，进入了后端产业链提速跨越的全新阶段。目前，全县建成标准化富硒茶基地 20.3 万亩，覆盖 14 个乡镇、89 个村，农户 6.4 万户、21.3 万人，惠及贫困村 41 个贫困户、2.85 万人。

10.10.2 园区变景区

平昌县按照"园区变景区、田园变公园"的发展理念，坚持高起点规划、高品位设计、高标准建设，以茶叶基地为载体，大力发展景观农业，加快促进第一、第二、第三产业融合发展，着力培育农村经济新增长点；以中茶所、省茶所为技术支撑，指导建设的三十二梁现代茶业科技园 2015 年 8 月命名为"省级现代农业示范园区"，2016 年 7 月被评定为国家 AAAA 级旅游景区。园区内引进 1 家大型茶叶加工企业"秦巴云顶茶业公司"，年加工能力可达 500 吨以上，能承接 2 万多亩基地茶叶加工，就地吸纳 300 余人农民为产业工人，其中贫困户 132 人，人均年务工收入 3 万元以上。园区在基地建设的同时，注重突出茶旅融合主题元素，配套建设茶博园、农耕文化博物馆、古村落保护群、茶文化长廊、茶景观塑造等设施，着力打造成集加工包装、采摘体验、度假康养、休闲观光于一体的现代农业融合发展新样板。园区先后发展农家乐、茶家乐 68 家，串联打造精品观光景点 15 个。2016 年园区共接待游客 11.6 万人次，创收 3 700 万元，1 500 多农户均有收益，户均增收 1.2 万元，加上茶农每亩鲜叶收入 8 000 元左右，园区茶农户均增收突破 2 万元，茶旅融合带动乡村旅游蓬勃发展，成为园内及周边贫困农户增收的重要来源。平昌县以乡村旅游为媒，聚集资源、整合资源、转化资源，实现茶旅深度融合，确保田园变公园、园区变景区、产品变礼品。

10.10.3 游子变老板

平昌县不断优化投资环境，加大招商引资力度，大力实施"筑巢引凤"工程，着力打造政策"洼地"，鼓励在外成功人士回乡创业。县上先后出台了《平昌县在外人士回乡创业扶持办法》《平昌县回引创业基金管理办法》等系列优惠政策，返乡创业农民工与城镇居民同等享受养老、医疗、子女入学、计生、卫生、失业等政策服务，返乡农民工创办的企业吸纳返乡农民工，享受每人每月150元岗位补贴；将返乡创业农民工企业和职工优先纳入岗前培训和在职人员职业技能培训，享受培训补贴和职业技能鉴定补贴；优先享受税收、信贷等支持；县政府每年评选一次"返乡创业之星"，给予50 000~100 000元奖励。据统计，近两年来，平昌共有1 700多名农民工返乡创办实体739个，总投资4.6亿元，就地就近吸纳农民工11 000多人，使用季节工3.2万多人次。其中，培育茶叶种植专业合作社29家，发展茶叶种植大户121户，发展秦巴茗兰、农发茶业、皇家雀舌、丰润科技、巴山韵等本土茶叶加工企业（业主）8家，招商引进秦巴云顶、蜀山秀等大中型茶叶加工企业9家。平昌县实行"公司+基地+农户""专合社+基地+农户"的发展模式，延伸产业链条，提升综合效益；依托"巴中云顶"区域公共品牌，引导企业成功注册"秦巴云顶""秦巴茗兰""蜀山秀"等茶叶品牌13个，其中7个品牌获第五届中国四川国际茶博会金奖。"秦巴云顶""秦巴茗兰"获得2016年度"国饮杯"一等奖，为平昌茶赢得了知名度，拓展了流通市场，提升了附加值。

10.10.4 荒山变金山

近年来，受打工潮的影响，农村大面积土地撂荒。该县在充分论证的基础上，决定将茶叶产业作为脱贫致富的支柱产业，决心将撂荒的土地变成真正的金山银山。县乡分别成立了茶叶产业领导小组和茶叶产业化办公室，组成茶叶攻坚团队，到重点乡镇进行驻点攻坚和抓点示范，县上每年预算茶产业发展基金2 000万元，重点用于茶苗采购和农户自栽自管的茶园，按投产前3年每亩给予350元的管护补助。平昌县积极探索土地入股、量化入股、返租承包等多种模式，盘活农村闲置土地，有效破解茶农资金瓶颈。目前，平昌县在14个乡镇89个村（居）实现规模连片种植茶叶20.3万亩，形成了"一园二带三片"的茶叶产业发展格局，即："一园"，以云台三十二梁为核心的2.3万亩省级茶业科技示范园；"二带"，双鹿—得胜、西兴—黑水有机茶产业带；"三片"，云台—鹿鸣—邱家—澌滩、笔山—岩口—泥龙、镇龙—望京—界牌—岩口高山富硒茶产业片。全县建成现代茶叶加工厂17个，年可加工各类干茶5 000吨以上，可就地转化农村劳动力2 000人以上。五年磨一剑，一分耕耘一分收获，如今，那一田田、一坡坡新栽的茶树，长势茂盛，随处都能感受到绿水青山迸发出的无穷活力。昔日的荒山摇身变成金山，曾经的撂荒坡地变成美丽的公园，不少贫困家庭也因种茶、采茶和就地务工大幅提升了家庭收入。

10.11　兴文县栽桑养蚕：乌蒙山石漠化地区脱贫奔康走出的"新路子"

兴文县是四川省乌蒙山区扶贫连片开发重点县和石漠化治理试点县，根据县情选择蚕桑产业作为脱贫奔康主导产业。2016年，全县57个贫困村中有22个村、1 777户建卡贫困户、贫困人口7 429人栽桑养蚕，桑园面积1.1万亩，人均养蚕收入2 036元，通过蚕桑产业实现脱贫农户1 527户、脱贫人口6 428

人,分别占贫困户的 85.9%、贫困人口的 86.5%。

10.11.1 立足实际,选择蚕桑产业作为山区群众脱贫致富的主导产业

兴文县有丰富的煤、硫矿山资源,过去长期依赖煤、硫矿山经济和地产经济,大量农村劳动力下井和外出务工,农业产业因缺乏劳动力而受到了严重冲击,一度辉煌的桑蚕产业也随之走了下坡路。近年来,随着国家产业结构调整,煤、硫矿山和地产经济市场行情的持续低迷,社会经济发展后劲不足,煤、硫企业发展困难重重,县域经济结构性矛盾日夜显现。调整产业结构,走绿色发展路子,实现经济转型升级,找寻新的经济增长点,成为县委、县政府的迫切需要。兴文县大部分区域适宜栽桑养蚕,大力发展桑蚕产业是解决大量失业返乡矿工、建筑工人再就业,促进农民增收和调整产业结构,实现区域经济转型升级的优先选项。2014 年以来,县委县政府结合贫困村的生态条件,将蚕桑产业作为脱贫奔康的主导产业,让桑树成为乌蒙山区的"摇钱树",蚕儿成为百姓的"农家宝"。2014 年以来,兴文县连续三年新栽桑 1 万亩,2016 年,全县桑园面积累计达到 6.6 万亩,蚕农售茧收入首次突破亿元大关,达到 10 103.25 万元,户均养蚕收入达 10 786 元。全县蚕茧平均单产 48.38 千克/张,平均收购价 38.27 元/千克,一张蚕茧收入达到 1 851.5 元,兴文县"石海银珠"蚕茧质量获全市蚕茧质量"三连冠",并代表四川省参加"中国农产品国际贸易会暨昆明世界农业博览会",会上受到了各方参会代表的赞扬和肯定。农民高兴地说:"栽桑养蚕能赚钱,年年在家大团圆"。

10.11.2 龙头带动,构建"人平两亩桑,脱贫奔小康"精准扶贫模式

产业发展离不开龙头企业的带动和模式机制的创新。兴文县县委、县政府依托市级农业化龙头企业——兴文县石海茧丝绸公司,在脱贫攻坚大会战中,成功探索出"人平两亩桑,脱贫奔小康"精准到人的产业扶贫模式。具体工作中,党委政府负责制定规划和发展蚕桑基地;公司负责生产经营、技术体系构建和产品收购,与蚕农签订"三个协议",即栽桑与蚕茧保护价协议、共育室建设协议、蚕棚建设协议等三个发展共建协议。公司以基层茧站为服务平台,组建蚕桑专业合作社,覆盖栽桑养蚕农户,形成"龙头企业+专业合作社+共育户+农户"的产业化经营模式,与蚕农建立起合作共赢的利益链接机制。兴文县对无劳力贫困户推行"倒租反包"模式,专业合作社以每亩每年300~500元不等价格将其土地集中流转,建成桑园投产后反包给他人养蚕;公司与养蚕户签订协议,按1亩每年养蚕4张,交售蚕茧160千克,由公司每亩再给予养蚕户200元的奖补资金;无养蚕技术贫困户以桑园地入股分红,按30%分成,贫困户每亩每年可获益1 200元左右。

10.11.3 狠抓共育,接通科技推广"最后一公里"

全县建立完善了以政府、部门、乡镇、村社四位一体的组织架构体系和龙头企业、专业合作社、基层茧站、共育户四位一体的技术服务体系,做到了惠农政策入户、科技人员包片、良种良法到园、技术要领到人。在蚕桑生产过程中,兴文县构建小蚕共育联结纽带,突出小蚕共育体系在蚕桑生产中的核心地位,让共育户成为技术落实人和蚕用物资便民点,将共育户收益与养蚕农户蚕茧质量和效益挂钩,接通科技推广"最后一

公里"，促使蚕茧质量不断提升。例如，九丝城镇新建村贫困户向泽良，现年53岁，身有残疾，家中4人，有劳力2人，龙头企业将其培育为小蚕共育户，承担全社的小蚕共育任务，负责预订蚕种、统防消毒、养蚕指导、预约售茧卡填报及生产发展跟踪服务，2016年共育蚕种153张，共育单产达47.4千克，优质茧比例达到95%，单价提高8~9元，帮助全社养蚕农户增收12 000元，户均增收1 200元。蚕农由衷地感慨道："共育加指导，养蚕增收有门道"。

10.11.4 产业融合，实现桑蚕生态绿色循环发展

栽桑养蚕是种养结合的典范，契合生态绿色发展这一新的时代主题。近年来，兴文县委、县政府高度重视石漠化治理工作，累计投资3.6亿元，着力治理耕地石漠化。通过多年的探寻与实践，找到了一条以蚕桑产业发展治理石漠化同时促进农村经济发展的双赢路子。通过栽植桑树，兴文县进行天网、路网、水网等基础设施建设，利用喀斯特地貌千姿百态的石灰熔岩和溶洞发展乡村旅游业，充分利用桑园立体空间，大力发展间种、套种和土鸡养殖，促进了绿色可持续发展和桑园综合效益提升。例如，周家镇原以矿业经济为主，受国家去产能政策影响，下岗失业人员逐年增多。2014年镇党委提出"绿色周家"发展思路，以栽桑养蚕为主导产业，向群众发出"下岗不失业、回家再创业"号召，2014年新栽桑4 080亩，2015年新栽桑4 939亩，2016年新栽桑3 800亩，形成3个蚕桑示范园区，2016年生产优质蚕茧19.3万千克，蚕农售茧收入745万元；充分利用桑园立地空间和养蚕空档期，开展桑园套种大头菜、马铃薯等1 500亩，桑园立体养殖生态土鸡2万只，桑枝生产食用菌5万袋，副产物收入250万元；全镇栽桑养蚕户661户，2 283人，人均收入4 358元。蚕桑产业绿了荒山、美了家园、富了蚕农，实现了绿色发展、生态发展。

10.12 梓潼县发展"1+5",让生态循环产业成为农民增收的"金饭碗"

2016年,梓潼县始终坚持把脱贫攻坚工作作为一项重要的政治任务,摆在全县工作的龙头位置,将创新改革的着力点聚焦到推动产业扶贫上来,以正大集团"1100"生猪养殖为核心,以利益联结为纽带,重点推进"政府+企业、金融、合作社、农场主、贫困户"的"1+5"生态循环产业扶贫模式,实现了5个贫困村退出、1 003户的3 113人脱贫,贫困人口发生率降至2.4%,全县呈现出"贫困面貌逐步改变,脱贫步伐不断加快"的良好态势。

10.12.1 各司其职解难题

梓潼县在产业扶贫过程中,经过不断探索,总结出"1+5"生态循环产业扶贫模式,较好地解决了政府、企业、金融部门、贫困户在产业扶贫过程中的难题。该模式的具体做法是:政府是产业扶贫的组织者,通过制定规划、搭建平台、整合项目、落实政策,为贫困户提供贷款1 000万元的担保贴息,做到产业扶贫精准发力;正大集团制定生猪养殖、圈舍建设、环保设施标准,全程无偿提供仔猪、饲料、养殖技术、防疫、回收肥猪等生产原材料和技术服务,实现生猪扶贫产业转型升级;金融部门通过为贫困户提供5万元以下扶贫小额信贷,由政府贴息,破解贫困户筹资难题;扶贫养殖专业合作社在贫困村或乡镇组织下,由贫困户及贫困村投资入股,通过健全扶贫专业合作社章程,构建利益分配机制,聘请职业经理人负责养殖生产管理,真正成为产业扶贫的主体;农场主通过流转土地,连片种植果园，消纳生猪粪便，改良土壤，提高地力，成为种养结合、生态循环的关键；贫困户零出资，用扶贫小额信贷及量化到户的项目补助资金，贫困村集体用扶贫周转金折股入社，按股分红，解决了贫困户无资金、无技术、无劳动力三无难题。

10.12.2 利益联结共脱贫

"1+5"生态循环产业扶贫模式以股份合作的形式组建扶贫专业合作社，把所有贫困户整体纳入合作社范围，按照30户左右贫困户成立1个扶贫合作社，修建1栋正大"1100"生猪扶贫代养场，1栋生猪扶贫代养场需建设费用140万元，其中30万元"三通一平"费用由政府相关部门利用项目资金予以解决；场内建设费用110万元，由项目补助资金20万元、产业扶持周转金20万元、贫困户贷款70万元三方面组成。梓潼县把扶贫政策、项目、资金和贫困群众现有资源资本化、产业化，贫困户用农业项目补助资金20万元和政府贴息贷款70万元入股，集体经济组织用扶贫周转金20万元入股，贫困村以村组建合作社，非贫困村的插花式贫困户以乡（镇）组建合作社，收入由集体经济组织和贫困户按股分成，在实现贫困户脱贫的同时，增加了村集体经济收入。

10.12.3 加强保障控风险

长期以来，生猪养殖受市场和疫病风险影响较大，养殖生猪存在不赚反亏的风险。梓潼县'1+5'生态循环产业扶贫模式将市场和疫病风险及全部流动资金交由正大集团承担，正大集团负责提供仔猪、饲料、防疫和回收育肥猪，养殖收益按增重数量、料肉比、死亡率等指标综合计算，扶贫专业合作社只与正大集团结算生猪代养费，不与生猪市场价格挂钩，贫困户收入稳定、无风险，解决了贫困户无资金、无技术、无劳力的三无问题。1栋"1100"生猪扶贫代养场一年出栏生猪2批,每批1 100头,每年毛收入39万余元,除去水电杂费和人工费,前5年还贷,贫困户每年户均可分得4 000元,贫困村集体可得2万元以上,5年后每年户均可分得8 000元,集体可分得5万元以上。该模式能让所有贫困户参与其中,既解决了村集体经济空壳村问题,又能让贫困户长期致富。

10.12.4 明晰权责增效益

生猪扶贫代养场由扶贫合作社聘请职业经理人运营管理,不需要贫困户参与管理和运营,贫困户按期分成。一方面有效解决了老弱病残等有心无力的贫困户脱贫问题;另一方面贫困户的富余劳动力被解放出来,可在与之配套的本地种植园务工或外出务工,加快了贫困户脱贫致富的步伐;再者,正大"1100"生猪扶贫代养场采用了先进的养殖设施设备和养殖理念,需同步配备高素质的饲养人员,由正大公司统一培训、管理饲养人员,将有效提高猪场的生产成绩,从而提高生猪代养场的代养效益。

10.12.5 强化科技促发展

传统养殖业往往技术含量低、投入分散、周期长、见效慢,难以有效承载产业扶贫。正大"1100"生猪扶贫代养场是按照欧美标准修建全国一流、世界领先的生猪养殖场,代养场设计采用全漏缝、全地暖、垂直通风、温度恒定、自动投喂、智能控制,引进了大容量的盖泻湖式沼气,实现粪污处理干稀分离,配套管网自流灌溉,使生猪养殖达到标准化、精确化、自动化、智能化,实现了用现代养殖业扶贫,还大力地提升了我县畜牧业现代化水平。由于技术先进,一栋正大'1100'生猪代养场只需一个劳动力进行运营管理。合作社通过引进有文化、懂技术、责任心强的职业经理人，按照正大公司的标准、规范和要求从事生猪养殖，使生猪养殖场的管理水平得到极大提高，极大地促进了生猪产业发展。

10.12.6 种养循环保生态

梓潼县坚持发展养殖业的同时，留住青山绿水，把生态循环理念厚植在'1+5'产业扶贫的各个环节，坚持雨污分流、干稀分离、沼气净化、种养结合、循环利用，将50万头正大生猪全产业链建设和20万亩蜜柚基地建设配套发展，明确规定建设一栋正大"1100"生猪扶贫代养场必须按照5头猪1亩地的比例，通过农场主流转土地等方式建设200亩规模以上的果园与之配套。一是为种而养，在规模化种植园内配套养殖用地，代养场实现雨污分流、干湿分离、沼液发酵、管网配套、自流灌溉；二是为养而种，对原有养殖场周围配套土地发展种植业，升级改造老圈舍；三是种养结合，凡是新建的代养场都必须配套种植用地，否则不予审批；四是适度规模，要实现种养结合、自流灌溉，就要坚持适度规模养殖场配套适度规模种植园，政府不提倡不支持大规模养殖场。该模式源于种养结合生态循环可持续发展理念，既发展了现代养殖业，又促进了生态种植业；既能消纳生猪粪便、改良土壤，使养殖废弃物变废为宝，又能降低种植业的肥料成本，减少了果园化肥农药的用量，生产出了绿色优质的农产品，实现了可持续发展；同时贫困户也能通过流转出的土地获得租金收入。2016年，全县建设正大"550"生猪代养场243栋，其中投产134栋，年出栏生猪15万头，投资1.03亿元在建5 000头种猪场一个，年产仔猪12.4万头，建立扶贫专业合作社46个，修建正大"1100"生猪扶贫代养场25栋，实现贫困户户均增收4 000元以上。全县循环农业总面积达到30万亩，建成生态循环农业产业基地67万亩，建立家庭农场418个，流转土地9.8万亩，实现了经济效益、生态效益双丰收。

10.13 理塘县"高原之舟"承载藏家儿女小康梦

牦牛是高寒地区的特有牛种，有"高原之舟"之称。理塘县立足资源，精准规划，从老百姓最熟知、最欢喜的牦牛养殖入手，持之以恒推进产业化，带动全县农牧民增收致富。2016年，全县牦牛养殖达到16.2万头，出栏4.29万头，农牧民人均可支配收入达到8 676元，牦牛产业实现年人均增收2 550元，占人均可支配收入的29.4%，21个村2 179人依托产业发展如期实现脱贫，产业化使牦牛养殖这个古老的产业焕发新机，让川西高寒牧区的藏家儿女走上小康路。

10.13.1 建设现代集体牧场，转变传统牦牛生产方式，推动贫困户抱团脱贫致富

理塘县以发展"高原牦牛产业"为突破口，着力解决贫困户缺劳力、缺资金、缺技术的问题，破解牲畜出栏"瓶颈制约"，试点示范建立现代集体牧场，做强做大集体经济，推动贫困户抱团脱贫致富。2016年理塘县共建设4个牧场，养殖牦牛1 884头，出栏牦牛300头，出售牦牛奶3万千克，实现收益达280万元，686户现代集体牧场入股户户均分红820元，带动贫困户户均分红950元。理塘县藏坝乡有贫困户268户、1 192人，属典型的贫困乡。2016年全乡468户以每户入股一头2~4岁的健康牦牛建设现代集体牧场，县财政投入扶持资金100万元引进种畜和基础母牛200头，养殖群体达到784头，建标准化草场

1 000 亩、牲畜圈舍及敞圈 5 011 平方米等基础设施，集体牧场当年出栏牦牛 60 头，出售牦牛奶 2 000 千克，实现收益达 50.8 万元。全乡入股的 468 户户均分红 557 元，提取贫困户扶助基金 10 万元，户均分红 373 元。理塘县通过集体牧场运作模式让集体经济不断壮大，贫困农牧民群众不仅得到了红利，剩余劳动力还可以就地打工，增加收入；同时还能逐步转变信教群众的惜杀惜售观念，真正实现依靠牦牛产业脱贫致富。

10.13.2 做强龙头企业，推行订单保收合作机制，推动牦牛产业发展

为解决集体牧场牦牛养殖销售上的后顾之忧，畜产品加工龙头企业推广订单保收模式，所有集体牧场专合组织与加工龙头企业签订了牦牛、藏猪、藏系绵羊长期保价收购协议。农牧部门对集体牧场进行养殖技术指导，实施科学养殖，延长了产奶期，增加了产奶量，缩短了出栏周期。加工企业改进加工工艺，规范工艺流程，创新加工模式，提高产品的附加值，延伸了产业链，实现了"公司+基地+牧户"的牧业产业化经营新模式。2016 年公司与集体牧场签订保底收购价格为 8 000 元/头，市场价平均约 7 000 元/头的牦牛，4 个集体牧场出栏牦牛 300 余头，比市场价销售增收 30 余万元，加工企业也有了比较稳定的货源，也实现了加工增值。目前，该龙头企业年均屠宰牦牛 2 万头，企业加工销售高原特色的风干牦牛肉、金丝肉干系列产品已远销至成都、重庆、广州、西藏等地，有力带动了全县 2 000 多牧户 1.2 万人口大力发展牦牛养殖，实现牧民人平增收 1 000 余元，户均增收 4 000 元以上。2016 年，理塘县依托大河边霍曲吉祥牧场，引进蓝逸公司成立了"理塘蓝逸高原食品有限公司"进行奶产品深加工。蓝逸公司投资 200 多万元在大河边霍曲吉祥牧场建立了规范化奶站和奶产品加工销售体系，培

养了本地奶产品加工人员 10 余人。企业紧紧依托集体牧场的奶源，加工生产的具有高原特色、地方风味的牦牛奶、牦牛酸奶、冰淇淋等产品投入市场，探索牦牛奶"收购、储运、加工、销售"新机制，实现了奶产品附加值的极大提升。2016 年，蓝逸公司收购牦牛奶 60 余吨，集体牧场增收 80 万元，公司实现销售收入 225 万元，净收入达 50 万元，按照公司盈利 10% 作为贫困户的扶持基金的约定，牧民又增收 5 万元。集体牧场销售鲜奶实现"双增收"模式，有力地促进了贫困户的脱贫增收。

10.13.3 发展草原旅游观光，推动牧旅融合，拓宽农牧民增收渠道

理塘县按照"牧旅结合、产村相融"的发展思路，依托现代畜牧业重点县建设，整合涉农资金项目，组织牧民出资出物组建了"理塘县霍曲吉祥牧场专业合作社"，重点打造牧旅结合休闲观光示范点，入社会员覆盖 157 户牧民、1 112 人。霍曲吉祥牧场充分利用国道 318 沿线的地理优势，把集体牧场养殖和草原旅游观光有机结合起来，激活了产业内生动力。目前，霍曲吉祥牧场已建成人工饲草地 3 000 亩，现代家庭牧家乐 12 家，黑帐篷（藏民族文化）体验中心、游客骑游（牦牛、马）体验场、雪域鱼庄、藏式餐饮等集"现代畜牧业、特色餐饮、游牧生产生活体验、产品展销、观光摄影、休闲娱乐"为一体的旅游接待服务中心。2016 年霍曲吉祥牧场实现草业收入 3 万元、特色餐饮和休闲娱乐外包出租 22 万元、民居接待 7 万元，实现了贫困户户均增收 2 000 元，非贫困户户均增收 1 000 元。理塘县鼓励和支持牧民转产转业，在 G318、G227 国道路和旅游公路沿线，大力扶持"藏家乐""牧家乐""自驾车营地"等旅游接待服务设施发展，引导牧民从事旅游接待及旅游商品加工，目前全县已有上规模牧家乐达到 15 家，从业人员近 100 名，户均

年收入达到 5 万元以上。

10.13.4 建好草基地，推行半舍养殖，强化产业发展基础

草原畜牧业基础在"草"，针对牧区冬春缺草制约产业发展的情况，理塘县紧紧抓住草业建设这个重点，打造康南优质牧草种植基地综合示范区建设，积极推广良种种植，建成披碱草和燕麦良种基地 2 000 亩，年收获存贮青干草 40 万千克，优质牧草种子 1 万千克，基地已成为全县乃至康南地区重要的优质牧草良种和抗灾保畜草料储备基地。在重点牧业乡实施人工种草工程，养畜大户每年实施人工种草和草地补播各 5 万亩，带动牧户自行开展人工草地建设 10 万亩。理塘县基本建立了以户为主的户营割草基地，以村或联户为主的村级打贮草基地，以县为中心的抗灾保畜打贮草基地，形成了以户、村、县三级的草产业链。

10.14 广安市前锋区专家服务团：撑起产业发展一边天

为促进农业产业发展所需适用技术在脱贫攻坚一线及时跟进，前锋区充分发挥区农业产业综合技术专家服务团作用，有力助推了全区农业产业精准扶贫工作。2016 年，专家服务团解决产业扶贫具体技术问题 20 余个、推广新技术 13 项、推广新品种 19 个；在专家服务团的直接指导下，在 84 个贫困村新发展优质水果、蔬菜、茶叶等 3.2 万亩，畜禽养殖 15.8 万头（只），新增水产养殖 326 亩，发展庭院蔬菜 1 460 亩、小家禽 8.3 万只。2016 年，全区主要农作物良种覆盖率达到 93%，农业适用技术推广率达到 89%，以优质水果、茶叶、花椒、小家禽等为

主的致富增收主导产业已具雏形,"一村一品、一村多品"的产业格局基本形成。

10.14.1 精组团队,分片区分产业开展技术指导服务

针对基层农技人员业务素质参差不齐、专业技能单一、复合型人才较少、产业扶贫技术帮扶效果不明显等问题,前锋区农业局率先在四川省成立了"前锋区农业产业综合技术专家服务团",着力破解农业产业发展的技术瓶颈。专家服务团整合了全区农业、畜牧、水产、林业等领域骨干农业科技人员,并分成5个专家组,常年开展巡回技术指导。专家服务团紧紧围绕"长短结合,种养结合,农旅结合,突出特色,典型带动,成片推进"的产业扶贫总体思路,聚焦产业发展关键技术问题,分片区、分产业开展工作,全面落实"良种良法到田块,技术措施到人头"的技术帮扶措施,做到技术服务全覆盖,很大程度上解决了基层农技人员在专业技术层面的局限性,促进了农业科技力量向贫困村有效延伸,为全区产业精准脱贫奠定了良好的技术基础。

10.14.2 摸清情况,合理布局农业产业

根据全区农业产业扶贫工作安排,专家服务团队首先进村入户了解情况,摸清贫困原因,了解致富意愿,引导贫困对象主动脱贫,充分发挥贫困户的主体作用。专家服务团深入贫困村对村情、贫困户基本情况进行了解,并结合前锋实际,制订了《前锋区产业扶贫专项方案》《前锋区2016年农业产业扶贫工作计划》及《前锋区贫困村主导产业发展工作实施方案》,确定了高效经果产业、优势畜禽产业等发展重点。按照适销对路、品种优良的原则,前锋区引导贫困村合理确定主栽品种,大力发展蔬菜、果树等特色经作种植;重点发展牛羊、家禽、生猪

等优势畜禽产业，扶持贫困户从事一定规模的小家禽类的养殖。同时，前锋区也结合各贫困村自身情况，制定适合的主导产业发展规划，努力形成"一村一品、一户一业"的产业发展格局，为脱贫致富奠定产业基础。

10.14.3 因村施策，推动主导产业均衡发展

前锋区围绕"五个一"扶贫行动要求，专家服务团根据各贫困村实际，分产业、分区域编制培训资料，落实培训师资力量，对驻村农技人员、村"两委"带头人、贫困村第一书记、新型职业农民、贫困户开展了种养殖技术培训、交流工作。2016年，全区共举办相关培训9批次，累计培训各类人员8 000余人次，并聘请了川农大、省农业厅的产业扶贫服务团的高级专家结合前锋区实际进行扶贫政策、农业种养技术等相关内容的专题培训；同时专家服务团还积极通过院坝会、示范现场、巡回观摩、田间学校等方式，大力开展技术培训和指导，在技术培训上做到了"因村施策"，在技术指导上做到了"横向到边、纵向到底"，实现了技术指导全覆盖。截至目前，全区84个贫困村均建立了适宜本地发展的农（畜）业产业，达到了各区域、各产业均衡发展的目的，为全区产业脱贫攻坚工作奠定了坚实的技术基础，有力助推了贫困户实现增产增收。

10.14.4 优选模式，提升产业发展效益

专家服务团在指导服务的过程中，结合各贫困村实际，在产业发展上优选了三种模式在全区推广，促进贫困村产业效益有效提升。一是长短结合模式。既立足长远、又着眼当前，贫困村在规模连片发展柑橘、花椒等持续增收产业的同时，还在幼龄基地发展蔬菜、家禽等成本低、见效快的短平快产业，帮助贫困群众在短期内增收脱贫。二是种养结合模式。贫困村全

面推行"畜-沼-菜（果）""禽-肥-菜（果）"绿色生产循环产业发展模式，促进农业废物高效利用，畜禽养殖面源污染有效防治，依托花椒、林果基地发展林下养殖家禽5.6万只，配套规模养殖场建设污染物消纳果蔬基地3.8万亩。三是种加结合模式。贫困村依托春叶食品、老磨坊粮油等农产品加工企业，大力发展辣椒、油菜种植，实行保护价收购，推进农产品初加工、精深加工，提高农产品附加值，贫困群众在延伸产业链上分享到更多收入。

10.14.5 创新机制，做实利益联结实现互利共赢

专家服务团在积极开展农业产业扶贫技术帮扶的同时，大力推广利益链接新机制，努力实现互利共赢。一是推进龙头企业带动。前锋区在指导贫困村大力发展农业产业基地的同时，引导龙头企业发挥资金、技术、管理、市场优势，带动贫困群众发展致富产业。目前全区花椒产业实现了以和诚林业公司为带动，在贫困村采取"企业+农户"模式，实行免费技术指导、保底回购，带动发展花椒产业3 000余亩，实现亩均产值8 000元，帮助群众人均产业增收1 000元以上。二是推进农业公司引领。前锋区指导各村建立"扶贫小额信贷+农业公司+种养大户+贫困户"模式，引导贫困户申报扶贫小额信贷资金，委托给鑫泰农业投资公司统一经营管理，参与入股种养大户产业和企业发展，每年按3%利润分红，实现助农增收。三是推进股权量化推动。前锋区引导各村探索推进财政支农项目资金股权量化改革扶贫模式，将财政专项扶贫资金全部或（部分）量化给全村贫困人口，以专业合作社为载体参与产业发展，约定贫困户每年按入股份额投入资金、分配利润。

10.15 平武县"平武中蜂+":托起山区贫困县的中国梦

平武县依托国家地标产品"平武中蜂",探索出"平武中蜂+一级蜜源草本经济作物+二级蜜源木本经济作物"的生态立体循环脱贫套餐产业模式,走出了一条当年见效、稳定持续、多重增收脱贫致富之路。2016年,全县养殖平武中蜂6万余群,蜂蜜产量近500吨,蜂产品产值近2亿元,人均可支配收入从9 216元增加到10 230元,贫困人口从19 649人下降到7 828人。"平武中蜂+",成为全县精准脱贫的主导产业。

10.15.1 "平武中蜂+"自然馈赠助脱贫

平武中蜂的数量和品质在四川省名列前茅,饲养中蜂投资小、见效快。"平武中蜂+"模式是以国家地标产品"平武中蜂"为主导产业,各区域、各乡镇、各村社和贫困群众因地制宜,在养蜂区套种以粮油作物、草本药材等为代表的一级矮秆蜜源经济作物和以毛叶山桐子、板栗等为代表的二级高秆蜜源经济乔木,多渠道增加群众收入。该模式既解决了发展中蜂的蜜源问题,又提高了土地利用效率;既形成短、中、长产业有效套置,又实现农户倍增收益;既形成种养结合小循环,又最大限度减少化肥、农药使用,有效进行产业结构调整和生态环境保护。

10.15.2 "平武中蜂+"形成合力抓发展

"平武中蜂+"按照"党委政府主导、龙头企业引领、经营主体组织、贫困群众参与"的原则在全县25个乡镇全面推行,按照"一个片区一个龙头企业引领,一个贫困村一个'平武中蜂+'产业示范园、一个贫困村一个专合组织,一个贫困村一支技术团队"的要求,形成合力,上下联动。一是党委政府负责产业发展政策、规划、计划的制定,负责产业发展统筹协调,解决产业发展中的重大问题。二是在不同区域,分别由康昕集团、绿野科技和润生众品 3 个龙头企业引领发展,对贫困群众进行资金支持、技术指导、回收产品,减少贫困群众投入,提高贫困群众养蜂技术水平,解决贫困群众产品销售难问题。三是每个贫困村建立 1 个中蜂养殖合作社,由合作社负责组织贫困群众发展生产,监督生产过程和产品质量,形成龙头企业、专合组织和农户的利益连接机制,保障贫困群众增收和集体经济的收入。四是贫困群众通过自主养殖、代养、托管等多种方式参与到"平武中蜂+"产业发展之中,获取养殖红利。2017年,该脱贫产业户均养殖 10 箱蜂以上,收入 8 000 元以上,全县养殖平武中蜂 10 万群、蜂产品产值 5 亿元。

10.15.3 "平武中蜂+",多措并举塑品牌

县委县政府适时启动"品牌创建年"活动,大力开展"三品一标"创建和认证工作,把"平武中蜂+"系列特产创建为无公害、绿色、有机产业。一是策划启动"食药同源"农业文创工作,创建"食药同源,平武原生"区域品牌,让平武特色农产品成为优质生态品、旅游商品和馈赠佳品,提高市场认可度和号召力。二是把国家地理标志保护产品"平武中蜂"协议授权给符合条件的龙头企业使用,鼓励企业加大"三品一标"认证力度,对取得"三品一标"的企业和新型经营主体并给予资金支持和奖励。三是开展清真食品认证工作并鼓励和引导企业进行"欧美标准"认证工作,积极开拓中东和欧美市场,让在中东呈现 400 元/千克的平武"大山老槽蜜"再创辉煌。截至

目前，大山老槽蜜、羌家蜜、百花蜜等企业品牌成功进入高端市场，全县"三品一标"认证已达到80个。

10.15.4 "平武中蜂+"创建体系保品控

县委县政府创新发展"生态信息农业"，探索建立五大体系保证产品质量。一是建立产品质量监测体系。平武县明确中蜂等系列产品质量标准，利用农产品质量检测中心对产品进行质量检测，确保产品质量。二是建立完善可追溯体系。龙头企业采集运用蜂产品生产、采购、包装、运输、销售等环节的信息，实现信息溯源和质量可追溯。三是建立诚信体系。平武县将"三品一标"认证、产品质量安全、禁用农药、兽（鱼）药和有毒有害物质在产品方面情况、诚信档案建立和完善情况、产品合同以及商标使用情况等内容纳入生产者、经营者诚信体系，通过村规民约、农民专合组织协会章程等手段提高农民诚实守信意识，设立诚信担保基金。四是建立认证体系。平武县通过"三品一标"的申报认证和监管，开展产品商标申报和国家驰名、省著名、市知名商标品牌创建工作。五是加强生态环境体系建设。平武县加强"平武中蜂+"周边环境监测、治理和保护，纳入信息化管理，为生态农产品提供良好的生态环境。目前，生态信息农业示范点已达38个。

10.15.5 "平武中蜂+"多产融合齐联动

平武县坚持第一、第二、第三产业融合发展，实现产加销、农工贸、科经教一体化。一是通过"平武中蜂+"产业的不断发展，产品产量不断增加、产品质量不断提高，平武县进一步延伸产业链条，促进加工业、饮食业的发展。二是在种植蜜源植物的过程中，平武县因势利导，巧妙规划，形成规模和特色，形成一道亮丽的观光风景线，助推休闲观光农业和乡村旅游业的发展。三是通过发展中蜂，贫困群众积极参与，获得劳动生产红利，收入稳定，激发了他们的内生动力，逐步减少返贫现象的发生。四是调整产业结构，各产业减少农药化肥等使用，生态环境得到保护，为生态文明建设做出贡献。目前，"平武中蜂+"特色产业、加工业、以生态旅游为主的服务业已得到长足发展。

10.15.6 "平武中蜂+""三网"融合拓市场

为开拓蜂产品市场，在政府主导下，龙头企业、专合组织和农户充分利用天网、地网和人网，积极做好平武中蜂的市场开拓。一是大力推进农业供给侧改革、发展电子商务及"互联网+"，平武县成功创建"平武一点通""平武生态农特馆""润生众品"等电商平台，加强农村电商、微商建设和培育，着力解决"最后一公里"问题。二是积极引导和扶持龙头企业在全国一线、二线、三线城市建立生态农产品体验店，在北京、上海、广州等一线城市建立平武生态农产品展示展销厅。三是按照"政府搭台，企业唱戏"的方式，积极组织县域企业参与"川货北京行""新春购物节""糖酒会"等各种展会活动，大力开展定制农业和团购业务。

10.15.7 "平武中蜂+"齐抓共管促保障

平武县委、县政府把"平武中蜂+"作为全县农业攻坚和产业脱贫的重要抓手，制定了"平武中蜂+"产业发展规划和实施意见。一是县委、县政府整合了产业扶贫资金 800 万元，用于扶持"平武中蜂+"产业，林业部门按林业相关政策对毛叶山桐子等蜜源植物种植进行补贴。二是把"平武中蜂+"产业分为3 个片区，分别落实了片区负责牵头的部门和引领的龙头企业，明确了相关责任。三是各有关部门和乡镇及时成立了"平武中蜂+"产业发展领导小组,建立了机构,落实了人员。四是农业部门整合力量,成立了"平武中蜂+"技术服务团队,具体负责中蜂产业发展技术培训和技术咨询服务,确保"平武中蜂+"扶贫套餐产业强力、快速、高效推进。

10.16 石棉县百里金果长廊：筑起大渡河边的致富路

石棉县立足得天独厚的光热资源优势,按照"政府扶持,群众自主,技术支撑,产业致富"的原则,大力发展黄果柑、枇杷特色水果产业,在大渡河、楠桠河两岸初步形成"百里金果长廊"产业带,成为贫困村贫困户致富增收的主导产业。通过产业促增收,实现贫困户人均增收500元以上,全县已有432户、952人实现脱贫,5个贫困村顺利通过省检摘帽。

10.16.1 突出产业带动,打造百里金果长廊

石棉县特殊的地理位置和气候条件孕育出了我国具有自主知识产权的杂柑品种——石棉黄果柑,经过国内外枇杷专家实地考证,认定石棉县也是枇杷种植最佳适宜区。石棉县邀请科研院校专家调研指导,制定了在海拔1200米以下区域内集中发展黄果柑,在海拔1200~1600米的区域集中发展枇杷的特色水果产业立体发展规划。按照规划,石棉县始终将发展特色水果产业作为发展农村经济、持续增加农民收入的支柱产业,一届接着一届干,始终围绕特色产业转。近年来,每年县财政安排3000万元专项资金,从果树种苗、示范片建设、基地基础设施建设、土地流转、经营主体培育、品牌创建、产品销售等各个环节给予补助,采取示范加引导的方式,不断扩大种植面积,

截至2016年年底全县已发展黄果柑4万亩、枇杷3万亩，特色水果产业发展实现对贫困村贫困户全覆盖，基本建成大渡河沿岸"百里金果长廊产业带"。2016年全县农民人均收入10 620元，其中特色水果实现人均纯收入4 500元，占农民人均纯收入的42%。每年3~6月，漫山遍野金灿灿的黄果柑形成一幅幅亮丽风景画，也成为贫困村贫困户增收致富的一颗颗黄金果。

10.16.2 完善基础设施，解决产业发展瓶颈

石棉县整合项目资金8 000万元投入农业基础设施建设，全县100%的村，95%以上的组通硬化公路，农业生产便道、农业灌溉等基础设施也得到有效改善。为贫困村建太阳能提灌站2处，安装节水管道20千米，解决了2 000亩特色水果灌溉用水难问题。石棉县配套整合项目资金近3 000万元，建设农产品清洗分选、储藏保鲜等商品化处理设施；建设了黄果柑分级洗选场10个，通过分级洗选，实行优质优价销售；同时带动运输业发展和剩余劳动力就近务工增加收入1 200万元；建设了组装式冷藏库24座，储藏量达到1 870吨，延长黄果柑、枇杷销售期1~2个月，解决了水果集中采收压力，并实现错峰销售增值；引资建成两条价值300万元的塑框生产线，每天可生产塑框3 000个，解决了产品销售过程中所需的包装。

10.16.3 强化技术服务，培养水果种植行家

石棉县与四川农业大学、省农科院等科研院校加强合作，建成黄果柑专家大院，组建专家技术服务团队，制定黄果柑、枇杷产业月历管理技术帮扶措施；选派16名科技人员，组成6个特色产业科技特派员小组，分片区开展技术指导；选派中高级驻村科技人员45名到26个贫困村，确保每个贫困村至少有1~3名科技人员驻村指导；指导贫困村组建特色农业专业技术

服务队 50 支，培养不离土不离乡的专业技术服务队员 600 多人，实行基地网格化管理，每名专业技术服务队员指导 20 亩产业示范片、20~50 户种植户、3~5 户贫困户；同时通过组织农户代表外出观摩学习、举办产业实用技术现场培训会、发放技术资料等措施，让绝大多数农户掌握 2~3 项水果种植管理技术，成为水果种植行家里手。

10.16.4 加强主体培育，带动农户生产销售

石棉县指导 10 家黄果柑专业合作社及 2 个涉农企业组建联合社，辐射带动 7 个黄果柑种植乡镇，2 139 户社员，8 000 余亩黄果柑实行标准化生产。其中带动贫困村 7 个，吸纳贫困户 246 户，种植黄果柑 560 亩；以联合社为主体推行了黄果柑种苗、技术、投入品、品牌、包装、销售"六统一"发展模式，协调指导联合社直接与农资生产厂家签订直接供货协议，每吨化肥低于市场价 600 元，农药低于市场价 3.8 万元配送给社员户，有效降低了果农投入成本；通过政府购买服务引进中国扶贫基金会与农民合作社合作，严格落实品控措施，促进标准化果园管理，确保黄果柑的果品品质，商品果优果率从 40% 提高到 65%。2016 年 3 月 9 日中国扶贫基金下的善品公社在国家会展中心召开善品公社第一品——石棉黄果柑上市销售发布会，邀请主流媒体强势宣传石棉黄果柑，邀请明星为石棉黄果柑代言，扩大了石棉黄果柑的社会知名度。石棉县通过联合社统一组织黄果柑包装销售，改变过去一家一户单独销售的局面，从而实现了"价升量增"。2015 年黄果柑以每千克 4 元销售 3.61 万吨，实现销售收入 14 440 万元，比上年增加销售收入 288 万元，带动贫困户人均增收 116 元；同时联合社通过实现的纯收益实行 2 次返利的方式，给每户社员户均分红 500 元，让果农分享了市场增值收益。

10.16.5　打造自主品牌，促进产业持续发展

石棉县指导合作社、龙头企业等新型主体申报创建特色农产品品牌，通过品牌引路提高农产品知名度。通过申报认定，石棉黄果柑、石棉枇杷分别获得"国家农产品地理标志登记保护"。石棉黄果柑、石棉枇杷已经注册成为"国家地理标志（原产地）证明商标"，石棉黄果柑、石棉枇杷分别被中国果品流通协会授予"中华名果"荣誉称号。中国园艺学会授予石棉县"世界枇杷栽培种原产地""中国晚熟优质枇杷生产基地"。石棉县以石棉黄果柑、枇杷产业基地为基础成功创建为"全国有机农产品示范基地"和"全国绿色食品标准化原料生产基地"，品牌创建涵盖26个贫困村，每年石棉枇杷产地收购价达到40元/千克。石棉县特色水果知名度越来越高，销售市场得到有效拓展，形成了基地联市场，市场促基地的良性循环产业发展格局，带动了贫困村贫困户收入持续稳定增长。

10.17　松潘县道地中药材：农民脱贫致富"新引擎"

近年来，松潘县坚持把中药材产业发展作为产业精准扶贫的突破口，并配套发展相关产业，带动了农牧民增收致富。"十二五"期间，贫困人口从1.63万人减少到0.7万人，贫困发生率从28%下降到10.9%。

10.17.1　立足优势资源，让中药材产业从"副业"变"主业"

松潘县地处川西北高原，具有优良的生态环境、明显的生

物多样性特征和复杂多变的小气候特征，盛产贝母、天麻、大黄、羌活等野生中药材，总蕴藏量达250万千克以上，是四川省重要的道地中药材主产区。为充分挖掘资源优势，松潘县始终抓住中药材产业不放松，制定出台《松潘县中药材产业发展规划》和《加快特色农牧业产业化发展助推整县脱贫奔康奖补实施方案》，近年来整合涉农资金1 163.9万元，加大了中药材产业扶持力度，初步建立起以羌活、大黄为主的现代中药材产业基地。目前，松潘中药材种植面积达3.3万余亩，实现产量1 000吨，总产值2 000万元。其中1 200余户建档立卡贫困户种植中药材0.6万亩，产量181吨，实现贫困人口人均增收245.9元，中药材已成为当地老百姓脱贫致富的新增长点。

10.17.2 推进配套产业发展，让中药材产业戴上"护身符"

中药材产业生产周期3～5年，短期内难以增加农民收入。为有效破解这一难题，松潘县按照"既着眼当前脱贫致富，又建立稳定长效增收机制"的发展思路，在突出发展中药材产业基础上，推广蔬菜、马铃薯、草莓、藏绵羊、生猪、家禽等见效快产业，每年帮助农民人均实现增收4 429元，有效弥补了中药材短期不能见效问题，形成了中药材产业与其他产业齐头发展的脱贫致富新格局。

10.17.3 突出科技服务，让农民增收插上科技"翅膀"

松潘县始终不渝地把科技服务作为加快中药材产业发展的"助推器"，针对过去科技人员坐机关用"嘴"服务，抽派55名科技人员入驻55个贫困村，在中药材种植季节和病虫害防治关键期，科技人员深入田间地头，采取手把手、面对面方式，加大了中药材种植技术服务。累计走访贫困户1 800户次，举办培训班110期，培训贫困农牧民1.3万人次，发放科技资料5 900

份，指导 2 000 户贫困户发展中药材 6 000 亩。与此同时，松潘县依托西南科技大学、成都中医药大学等技术优势，组成中药材专家技术服务团队，定期到贫困村问诊把脉，重点解决疑难杂症，推动了中药材产业走上依靠科技发展道路。镇江乡北定村老百姓常说："以前种中药材不是成活率低就是遭病虫害，想种都不敢种，现在好了，科技人员已成邻居，喊一声就上门服务，增强了我们发展中药材的信心。"

10.17.4 强化三产融合，让农民从"守地人"变"经商人"

松潘县把延伸产业链、提升价值链作为提高中药材产业整体效益、促进农民稳定增收的重要举措。松潘县依托黄龙5A级风景名胜区、牟尼沟风景区、松州古城等旅游景点，规范、有序组织农民从事特色农产品销售、乡村旅游和其他服务活动，推进了第一产业、第三产业融合发展，年销售贫困户中药材30吨，吸纳200余户贫困户参与旅游服务。

10.17.5 创新体制机制，让贫困农民搭上"顺风车"

松潘县出台《松潘县特色农牧产业发展方案》，通过对新型经营主体规模流转土地、农业基础设施建设、产品销售及电子商务、打造品牌等方面给予支持和补助方式，促进了新型经营主体不断发展壮大，有效带动贫困户参与产业发展、享受扶贫政策红利。全县累计培育中药材专业合作社52家，其中省级示范合作社2家、州级示范合作社2家，带动205户贫困户发展中药材1 100亩。松潘县采取贷款政府贴息的扶持模式，与贫困户签订劳动、产品销售等合同，并帮助建档立卡贫困人口年人均增收1 200元的龙头企业、农民专合组织、种养殖大户和家庭农（牧）场实行3年贷款贴息，共贷款贴息扶持中药材专业合作社30家，解决90名贫困人口就地就近就业。

10.17.6 抢抓援建机遇,让贫困农民有了"定期储蓄"

松潘县把解决中药材卖难问题作为助推精准扶贫的落脚点,牢牢抓住大邑对口援建有利时机,加大与大邑县中药材加工企业沟通联系,促使全县 43 家中药材专业合作社与大邑县中药材有限公司建立起紧密购销关系,签订了长期保底购销合同。此政策拓展了松潘县中药材销售渠道和半径,增加了贫困户经营收入。

10.18 旺苍县三园联动全域覆盖,产业扶贫精准到户

近年来,旺苍县坚持把产业扶贫作为脱贫攻坚头号工程来抓,突出产业发展助农增收主题,实践探索现代农业园区、"一村一品"示范园、户办产业小庭园"三园"联动全域覆盖,初步走出了一条贫困山区产业扶贫、精准到户的路子。

10.18.1 创新建设,三园联动产业扶贫精准到户

按照"聚力到户、受益精准"要求,瞄准登记造册贫困村和建档立卡贫困户,旺苍县围绕茶叶、核桃、畜牧、中药材县域特色优势支柱产业和其他短、平、快脱贫增收产业,加大万亩亿元以上现代农业园区、百亩以上"一村一品"示范园、户均 1 亩以上特色户办产业小庭园建设力度,形成"大园区+示范园+小庭园"三园联动、长中短结合、产加销一体产业扶贫发展格局。

高水平建设现代农业园区。旺苍县坚持农业园区引领、龙头企业带动、连片规模发展、集约化经营的建设思路,全域全

程全要素集聚打造产业链,建成茶叶、核桃、中药材等现代农业园区16个,引领"一村一品"示范园和户办产业小庭园产业集聚,带动形成了一批贫困人口参与度高的特色产业基地和带动能力强的特色产品加工服务基地。三合现代农业园区立足区域自然优势,按照"标准化建园、规模化发展、精细化生产、科技化支撑、品牌化营销"的思路,建成广元首个省级万亩有机茶叶园区,带动园区农户种植茶叶9 000亩;依托四川米仓山茶业集团在园区建成1个现代化茶叶加工厂,实现了产加销一体化。2016年,园区实现产值1.3亿元,带动园区农户人均增收6 320元。

大力度建设"一村一品"示范园。旺苍县注重发挥"一村一品"示范园上联现代农业产业园、下联特色户办产业小庭园的纽带作用;紧紧围绕全县四大支柱产业区域布局,依托贫困村自然资源禀赋、产业发展优势,充分尊重群众产业发展意愿,确立"一村一品"示范园主导产业,确保村级主导产业与现代农业支柱产业深度对接、长中短产业融合发展;坚持村两委领办专业合作社,采取"三资"入股模式,通过入股、租赁、承包、流转等方式,盘活贫困户"沉睡"资产,在贫困村每村建成一个300~500亩或养牛30头、养羊300只、养猪500头、养鸡1 000只以上的产业示范园,形成了"'一村一品'示范园+村办专合社+贫困户"股份合作模式,带动贫困户入园入社,实现经营主体不漏村、产业扶贫不漏户、精准脱贫不漏人。尚武镇寨梁村"两委"领办旺苍县寨梁光伏农业专业合作社,走"光伏+农业+乡村旅游"发展路子,引进四川西普企业有限责任公司,建成5 000平方米光伏发电基地,利用光伏发电板下空闲土地和周边农户土地,结合县城周边地域优势,采取"专合社+农户"方式,种植羊肚菌17亩、建脆红李采摘示范园350亩,带动贫困户建户办产业小庭园65个、80亩。农户全部入社,按照

4∶3∶3比例分配村集体经济收入。2016年,该村村集体经济总收入36.58万元,其中村集体经济组织积累14.632万元,全体成员户均338元,全村贫困户人均600元。

全覆盖建设户办产业小庭园。旺苍县按照房前屋后庭园化要求,围绕"一村一品"主导产业,建好1亩以上户办产业小庭园;坚持市场导向、因户制宜,宜种则种、宜养则养、宜游则游、宜商则商,发展短平快脱贫增收项目,确保贫困户户户有"1+N"个创业兴业门路。无论是"1"还是"N"都分别进入村办专合社和经营主体。全县建成户办产业小庭园1.2万个。对于缺劳力、缺技术的贫困户,旺苍县推行托管、半托管、寄养、代养等产业发展模式,实现互利共赢。普济镇远景黄花山核桃专业合作社对贫困户核桃园实行"半托管"和"全托管"模式,有效解决了产业发展空心化的问题,确保户办产业小庭园健康发展和贫困户持续增收。远景村六社侯联碧根据村级产业建有家庭核桃园2亩,因年老体弱、缺劳力、缺技术,专合社主动对她的核桃园实行"半托管",负责修枝、病虫害防治、品种改良、产品销售,核桃销售后,侯联碧只支付10元/小时的专合社技术员服务费,其他收入归自己所有。

10.18.2 创新机制,三园联动产业扶贫精准施策

旺苍县坚持精准施策,培育农业新型经营主体,增强集体经济带动能力,强化利益链接,切实把贫困户带进三园联动产业扶贫格局。

创新经营主体培育机制。旺苍县大力推行户改场、场入社、社接企、企连市的新型农业经营主体培育机制,确保现代农业产业园有1个龙头企业,"一村一品"示范园村有1个专业合作社带动,所有贫困户全部进入专业合作社或新型经营主体,实现全覆盖;加快构建以家庭农场为主+产业领军人(龙头企业)、

专业合作社、社会化服务超市"1+3"新型农业经营体系，提高产业发展、产业扶贫组织化程度。全县共培育新型农业经营主体3 560家，其中农业企业120家、专业合作社390家、家庭农场580家、社会化服务超市120家、专业大户2 350户，带动7.86万户农户进入产业化经营，其中贫困户实现全覆盖。旺苍县七里香茶庄家庭农场在木门镇茶元村流转土地300亩，结合三合现代农业产业园区建设，县财政为其补助种苗、改土，扶持建设黄茶基地300亩、养殖跑山鸡2 000只、养鱼5万尾，建成"种+养+休闲观光"一体化家庭农场，年收入近100万元。2016年专合社实现利润735万元，带动入社农户人均增收5 140元。

创新集体经济带动机制。旺苍县坚持以村级产业发展基金为"种子"，充分撬动产业项目资金、扶贫再贷款、贫困村贫困户资产折资入股资金、农村产权抵押、畜禽活体质押等资金投入，采取入股到农业企业、专业合作社、家庭农场、农业社会化服务超市等新型农业经营主体，不断壮大村级集体经济发展实力，有效放大了贫困村贫困户产业发展扶持周转金的利用效益，所有贫困村都有了集体经济。2016年退出的22个贫困村人均收入超20元。农建乡农建村依托产业扶贫周转金，撬动财政投入该村产业发展项目资金632万元，按照村集体经济与贫困户3∶7的比例1 000元一股，股权量化到米仓山茶业集团集中经营管理，村级集体按股年分红3.81万元，贫困户人均年分红164.72元；村集体经济组织把3.81万元的30%再入股到黑松垭茶叶专合社，获得分红1.17万元，并把分红所得的50%按7∶3的比例再次分配给贫困户和农户，贫困户人均获得二次返利34.8元。旺苍县通过产业扶贫周转金滚动投入，有效增强了产业发展造血功能，该村发展茶叶面积由原来的3 200亩扩大到现在的4 800亩，贫困户户均种植茶叶面积由原来1.5亩增加到现在的 2.8 亩，2016 年该村村集体经济收入 4.73 万元，贫困户人均收入 5 535 元，实现了户脱贫村摘帽。

创新多元利益联结机制。旺苍县鼓励引导龙头企业入股村"两委"领办的专业合作社，通过龙头企业+集体经济组织（合作社）+贫困户股份合作模式，按照合作协议约定的利益分配方式，依规依约进行利益分配。村"两委"领办专合社取所得的利润，按照 4∶3∶3 的利益分配方式进行分配，即 40% 分配给村内贫困户，作为财产性收入；30% 作为全体村社成员的收入；30% 作为村集体经济积累，用于扩大再生产和公益性建设。贫困户脱贫后，巩固两年再不享受村集体经济分红收益扶持。高阳镇双午村走"村'两委'+村级集体经济组织（专合社）+贫困户"的产业扶贫路子，顺利通过了县产业扶贫领导小组集中评审，获得产业发展周转金 45 万元，组建了由第一书记为组长，帮扶队员、村"两委"负责人、贫困群众代表、驻村农技员为成员的村级产业项目建管小组，新建标准化养殖场 1 500 平方米，规范养羊 3 000 头、土鸡 10 000 只，今年实现村级集体经济年分红 3 万元、贫困户仅养殖项目户均增收 2 200 元的"双赢"效果。

10.18.3　创新保障，三园联动产业扶贫精准发力

强化组织保障。县乡村层层成立了党政一把手为双组长的领导小组，压实县级评审督导、乡镇抓实建管、贫困村抓好实施三级责任；健全以县产业办为主、审计和监察等相关部门全程参与的产业绩效管控机制；强化第一书记牵头、驻村工作队员帮带、驻村农技员指导职责；细化和明确了"谁来管""管什么"和"怎么管"。旺苍县将三园建设纳入目标绩效考评，实行定期督查通报，确保三园联动产业扶贫快速、有序、深入推进。

强化技术保障。旺苍县与中国茶研所、省农科院、四川农

业大学等科研院所合作，推进农业科技人员创新创业，组建茶叶、核桃、中药材等科技创新技术服务团队，破解产业发展技术难题；整合县域技术力量，集合农业、畜牧、林业等专业技术力量，深入开展"万名农业科技人员进万村"活动，推动农技人员投身产业扶贫主战场；大力开展农业实用技术培训，在每个贫困村培育20名职业农民、10户科技示范户，做到县有科技创新团队、乡镇有科技特派员、贫困村有驻村农技员、贫困户有产业扶贫指导员，保障了产业扶贫的技术力量支撑。

强化资金保障。创新投入导向，旺苍县将惠农补贴政策向带动脱贫经营主体倾斜，2016年为经营主体提供200万元耕地地力保护补贴资金，作为担保资金贷款3 000万元；整合现代农业生产发展、现代林业生产发展、小农水等涉农项目资金9 200万元，统筹用于"三园"建设；利用财政资金，撬动更多金融资本、社会资本投入，按照"一村一品"示范园补助标准，确保每个贫困村有200万元以上的产业扶贫资金；充分利用村级产业发展基金、到户产业发展扶持资金，确保每个贫困户累计投入1万元以上的户办产业小庭园发展资金。

10.19 罗江县脱贫攻坚产业园，搭起精准扶贫大舞台

罗江县在脱贫攻坚中探索出了一条以脱贫攻坚产业园为抓手，促进农村产业发展的新路子，呈现了贫困户"户户有产业、人人当股东、年年有分红"的产业扶贫新局面。2016年全县26个精准扶贫产业园共给贫困户股份分红104万元，带动全县36个贫困村中19个贫困村退出，1 387户、2 809人顺利脱贫。

10.19.1 培育产业,走集约化之路

罗江县充分整合各类产业发展资金,按照"适度规模、集中建设、统一管理"原则,坚持"农业产业化、产业园区化"的思路,引导、培育名优特色农业产业入驻贫困村,打造具有"造血"功能的精准扶贫产业园26个,面积11 634亩,已有产出的为8 233亩。优势产业在园区优先发展。罗江县充分利用现有的枣子2万亩、青花椒2万亩、柑橘4万亩、优质梨2万亩等优势主导产业,按照产业发展优势传承、市场适销对路的思路,在专家论证的基础上,组织流转一定规模土地,连片发展贵妃枣、杂柑(春见、不知火、爱媛)、莲藕、蚕桑、青花椒等特色农业产业,集中建园。蟠龙镇合圣村32户贫困户以土地入园的形式,在大户带动下,自己种起了青花椒,实现了"家家有椒园"。产业发展资金在园区优先投入。全县整合各类产业扶贫资金4 997万元用于支持扶贫农业产业园区建设、发展特色产业,由村"两委"和专合社理事会根据产业需要统一规划、统一使用,封闭管理,确保产业扶贫资金专款专用。优势资源在园区优先融合。罗江县发展果树、中药材等产业,在主导产业培育的前期采取间种蔬菜、花生、黄豆等短平快农作物,保贫困户前期收益,解决了"远水解不了近渴"的问题,同时也提高了土地资源综合效益;罗江县还将农业产业园区建设与乡村旅游发展相结合,如在新盛镇老君、天鹅村、金铃村等村集中连片发展莲藕4 000亩,为打造"乡愁记忆"农业主题公园奠定产业基础;在蟠龙镇宝峰村、合圣村规模发展贵妃枣、青花椒、薄壳核桃基地,为打造森林康养基地、创建森林公园做好产业铺垫。

10.19.2 园区管理，走企业化之路

产业扶贫并不容易。开始时，贫困户顾虑不少："我们无技术、无市场，谁来管？""钱投进去赔了咋办？""贫困户分红分不到咋办？"等等。为解决产业园运行难题，罗江县充分发挥"市场之手"作用，按照企业化管理运作，培育农业新型经营主体，整合农业专家人才，设立产业园议事、监督机构，制定管理运行及利益分配等制度，让贫困户抱团取暖，解决贫困户分散、栽植面积小、养殖规模小、不愿管、管不好和缺劳力、缺技术、缺销售等问题。建强一个专业合作化组织。坚持民办、民管、民受益，以村为单位，采取土地承包经营权流转、财政资金入股等方式，罗江县在扶贫产业园开展股份合作制改革，成立股份制农民专业合作社26个，作为利益联结紧密型市场经济主体，负责园区管理，参与市场竞争，确保产业园建得好、管得好、有成效，从机制上脱贫解困，增强扶贫产业的"造血"功能。用好两支技术支撑队伍。产业发展离不开人才。罗江县组建了农业产业扶贫技术服务团，将36名技术人员对口分组到36个市级贫困村，利用"O2O"平台，实行点菜式服务；同时，培育"土专家""田秀才"107名，对扶贫产业园和贫困户进行"面对面"技术指导。整合一批市场化资源。产业园要发展必须主动融入市场，借助优势资源，高起点高站位发展。园区采取"结对联建"的方式与龙头企业、农贸超市、电子商务签订合作协议，实行订单模式发展产业，最大程度规避了市场风险。目前，26个产业园分别与37家企业、专合社签订了合作协议。新盛镇金铃村扶贫产业园分别与国农级农民专合社略坪蔬菜专合社签订了技术指导服务协议、与德阳三三超市签订了蔬菜销售协议，调元镇大耳羊扶贫产业园与黑牛湾农业开发有限公司签订了种苗回收、技术指导协议，蟠龙镇花椒产业园与垄上源公

司签订了收购合同。不少贫困户感叹:"不懂管理,有专合社操心;不懂技术,有专家手把手教;担心销路,有市场订单,这样的产业咱干得踏实。"

10.19.3 收益分配,走股份化之路

在产业扶贫中,罗江县坚持资金精准到户、成效精准到人的原则,把扶贫产业园股份量化到人,杜绝了以前土地流转大户"吃肉喝汤",贫困户"闻味听音"的现象。资产股权配置因人施策。罗江县把资金投入形成的资产股权量化到人。股权配置杜绝"一刀切",根据贫困户的贫困程度,采取"151"模式确定贫困户股权系数,贫困程度较重的按每人1.5股,贫困程度较轻的按每人1.0股权重进行配股,量化到每一个贫困户,并发放股权证,股权不得转让、买卖、折现。收益分配统筹兼顾。产业园收益在发挥扶贫分红的主导作用上,还做到了可持续发展和兼顾公平。在园区赢利时,按"721"进行分红,即70%用于建档立卡贫困户,按股权进行分红;20%作为风险基金;10%由村"两委"用于本村未纳入建档立卡贫困户需要临时扶持的。例如,慧觉镇龙王村流转土地260亩,探索建立了四川省第一个贫困户自己的精准扶贫产业园(贵妃枣园),2016年通过套种蔬菜,除去成本贫困户每股分红450元,共为32户贫困户发放分红8.5万元,留存生产发展风险基金1.8万元。就业务工收入有保障。罗江县坚持以扶贫产业园为载体,开发劳动岗位,要求有劳动能力的贫困户必须要到产业园务工,挣取务工收入,增加收入,实现贫困户劳动力就地就近就业。新盛镇金铃村三组村民兰明珍,如今成为扶贫产业园的工人,每天种菜、除草闲不住,她说:"没想到这么大年纪还能找到活干,一年在产业园挣了3 000多元,年终还分了500多元红利,生活不再发愁了。"

10.20 南江县"五大利益联结模式"助推产业扶贫

2016年,南江县上下以脱贫攻坚为统揽,以产业扶贫为抓手,以农业科技为支撑,按照"南茶、北羊、中(蔬)粮"的产业布局,着力建设产业基地,开拓创新产业扶贫模式,加快农业产业由传统农业向现代农业转型。南江县全年通过产业扶贫帮扶47个贫困村4 383户、16 367人,实现了脱贫。

10.20.1 探索无偿借养模式,革新发展思路

南江县以政府为引领、企业为带动,探索出无偿借养模式,切实解决了养殖户资金短缺的难题,通过"五方共保"(财政保投入、农业保技术、银行保融资、专合保生产、企业保回收)积极推行"借羊还羊""借牛还牛"模式。四川北牧集团在东榆、杨坝、沙坝等28个乡镇、84个贫困村,将种羊出借给贫困村专合组织,由专合组织借给有养殖意愿的贫困户1只公羊和20只母羊,3年期满后,贫困户仅归还等量或等价的羊只,北牧集团将质量合格的种羊再次借与其他有意愿养殖的贫困户滚动发展,企业按照高于市场10%的保护价收购贫困户出栏的黄羊。2016年县级财政投入3 800万元,融资1.35亿元,组建28家养殖专业合作社"抱团发展",借养黄羊4万只、肉牛3 000头,带动3 800户贫困户创收,实现年收入户均5万元以上。东榆镇五星村贫困户贾培中通过"借羊还羊"模式,建成羊舍800平米,已出售黄羊14只,现存栏100只,已于2016年年底脱贫。

10.20.2 探索订单种植模式，加强龙头带动

以市场为导向，农业龙头企业为引领，南江县探索出订单种植模式，为贫困户发展农业生产指明了路径、降低了风险、保障了利益，并有力助推了农业供给侧机构性改革。南江县依托重庆环永、成都益雅、南江华邦等农业龙头企业投资3亿余元，在南江县大力发展农业产业，推广"132"订单农业发展模式，即贫困户以与企业签订的订单作保证，向银行获得订单价值10%的贷款资金用于产业发展，在产业园区内连片种植马铃薯、万寿菊和蔬菜，企业实行保底价收购，实现了农户1年种植3亩以上土地，年收入达2万元的目标。2016年全县有6 500多户贫困户与企业签订了保底回收合同，订单发展马铃薯1.4万亩、蔬菜12.4万亩、万寿菊1万余亩，户均实现增收3 200元。

10.20.3 探索返租倒包模式，固化利益联结

南江县积极组建土地股份合作社，发展特色产业园区，探索出返租倒包模式，为入股农户富余劳动力与合作社建立了利益共享模式，实现双方收益最大化。在建成的"下两—元潭—元顶子—黑潭—正直—和平"百里茶业产业长廊和"红四—沙河—东榆—南江镇—赶场—兴马"百里银花产业长廊内，积极推行"121"茶（花）模式。专合社集中连片流转土地，建设产业基地，种植茶叶或金银花，贫困户将自身土地入股到专合社，专合社在保证统一指导、统一收购、统一加工、统一销售的同时，将基地内20亩以上茶园（银花园）返租给一户贫困户，贫困户只负责管理、管护和采收，达产后每户可实现年均收入10万元。2016年全县有356户贫困户，在茶叶（金银花）产业园区实行"返租倒包"8 000多亩，户均增收高达5万元以上。

10.20.4 探索立体循环模式，优化产业结构

南江县立足县域特情，凭借旅游优势，探索立体循环模式，促进了农旅融合、优化了产业机构、助推了农户增收。南江县积极推行"高效种植-生态养殖-观光休闲"种养模式，将农业产业发展与幸福美丽新村、乡村观光体验旅游结合，着力打造集有机种植、生态养殖、体验采摘、休闲垂钓、观光旅游于一体的休闲农业示范点，鼓励引导农民群众开办农家乐，打造田园景点，积极投身乡村旅游。南江县先后建成云顶茶乡AAAA级旅游景区、七彩长滩、花桥流水、玉湖渔村、鱼荷井坝等一大批旅游新村；成功举办了南江云顶茶文化节、南江黄羊美食节、长滩"大酥肉"节、玉湖抢鱼、钓鱼大赛等活动。以民森农业、本味源家庭农场为代表的立体循环种养企业20多家得到帮助，共带动2 000余贫困户脱贫致富。

10.20.5 探索"互联网+农业"模式，强化市场拓展

组织协调龙头企业、专合组织、家庭农场等新型经营主体发展特色产业，积极成立农产品收购网点和发展农村电商，帮助贫困户解决销售难、运输难、价格低的实际问题。南江黄羊养殖专合社、富硒茶专业合作社、光雾山米业等10余家企业50多种产品已成功在百度、阿里巴巴、淘宝、微商城上线。南江县拓宽了本地特色产业的销售渠道，实现了产品供给与市场需求的无缝连接，解决了贫困户产品销售问题，达到了产品销售利润最大化。目前，全县共建成特色农产品销售网店43家，帮助5 000多户贫困户销售南江本地特色农产品2 000多万吨，销售总额达6 000余万元。

参考文献

[1] 彭亮. 我国农业经济增长因素分析 [D]. 成都：四川大学，2003.

[2] 张浩，陈昭. 中国农业经济增长的要素贡献度研究——基于分省非稳定面板的实证分析 [J]. 南方经济，2008（1）：61-75.

[3] 闫俊强，李大胜. 我国广义农业经济增长的要素贡献研究——基于面板数据模型的实证分析 [J]. 经济问题，2009（3）：60-62，71.

[4] 陈莉，张士云. 安徽农业经济增长的影响因素分析 [J]. 中国农学通报，2004，20（2）：222-225.

[5] 陈莉，刘光辉. 安徽省农业经济增长的灰色关联解析 [J]. 中国农学通报，2004，20（2）：229-231.

[6] 宋蕾，郭俊华. 1990—2004：陕西农业经济增长因素分析 [J]. 西安邮电学院学报，2006，11（4）：39-42.

[7] 薛文珑，傅国华. 海南省农业经济增长因素的定量分析 [J]. 贵州农业科学，2006，34（S1）：62-64.

[8] 林少伟，刘琴，宋建晓. 福建农业经济增长影响因素分析及对策 [J]. 中共福建省委党校学报，2006（9）：86-88.

[9] 杨明洪，沈颖. 西藏农业经济增长的实证分析：

1980—2003 年 [J]. 四川大学学报: 哲学社会科学版, 2006 (2): 11-17, 77.

[10] 龙江, 洪明勇, 杨启林, 等. 贵州农业经济增长的因素分析 [J]. 贵州农业科学, 2007, 35 (3): 88-90.

[11] 郑晶, 温思美, 孙良媛. 广东农业经济增长效率分析: 1993—2004 [J]. 农业技术经济, 2008 (3): 17-24.

[12] 张斌. 基于主成分回归分析法的新疆农业经济增长影响因素评价 [J]. 新疆财经大学学报, 2008 (4): 27-31.

[13] R SOLOW. Technical Change and the Aggregate Production Function [J]. The Review of Economics and Statistics, 1957, 39 (3): 312-320

[14] DENISON, EDWARD F. Why Rowth Rates Differ: Postwar Experience in Nine Westem Countries [M]. Washington: Brookings Institution, 1967.

[15] P ROMER. Increasing Returns and Long-un Growth [J]. Journal of Political Economy, 1986, 94 (5): 1002-1037.

[16] GRILICHES, ZVI. Research Cost and Social Returns: Hybrid corn and Related Innovations [J]. Journal of Political Economy, 1958, 66: 419-431.

[17] AKINO, MASAKATSU, YUJIRO HAYAMI. Efficiency and Equity in Public Research: Rice Breeding in Japan s Economic Develop-ment [J]. American Journal of Agricultural Economics, 1975, 57: 1-10.

[18] EVENSON R E. Economic Impact Studies of Agricultural Research and Extension [J]. Working Paper, Yale University, 1997.

[19] 樊胜根. 科研投资投入质量和中国农业科研投资的经济报酬 [J]. 中国农村经济, 1997 (2): 11-17.

[20] 黄季焜, 胡瑞法. 中国农业科研投资: 效益利益分配

及政策含义[J]. 中国软科学, 2000 (9): 21-24.

[21] 赵芝俊, 张社梅. 我国农业科研投资宏观经济效益分析[J]. 农业技术经济, 2005 (6): 41-47.

[22] 顾焕章, 王培志. 农业技术进步对农业经济增长贡献的定量研究[J]. 农业技术经济, 1994 (5): 11-15.

[23] 刁怀宏, 陶永勇. 生产要素的配置变化与科技进步——中国1980—2001年农业技术进步率的估计[J]. 农业现代化研究, 2003, 24 (6): 438-442.

[24] 于敏, 方子节, 姜明伦, 等. 云南省农业技术进步对农业经济增长贡献的实证分析[J]. 云南农业大学学报, 2005, 20 (2): 294-297.

[25] 周兵, 冉启秀. 科技进步对西部农业经济增长贡献的实证分析[J]. 中国流通经济, 2007 (8): 24-26.

[26] 庞得志. 吉林省技术进步与农业经济增长[D]. 长春: 吉林大学, 2009.

[27] 吕业清. 中国农业科研、推广投资与农业经济增长的关系[D]. 乌鲁木齐: 新疆农业大学, 2009.

[28] 张晓慧, 梁海兵. 农业科技进步对农村不同部门劳动力从业影响的实证分析[J]. 农业技术经济, 2011 (9): 42-49.

[29] 中共中央马克思恩格斯列宁斯大林著作编译局. 马克思恩格斯文集: 第1卷[M]. 北京: 人民出版社, 2009: 368.

[30] 马克思. 1884年经济学哲学手稿[M]. 北京: 人民出版社, 2000: 52.

[31] 中共中央马克思恩格斯列宁斯大林著作编译局. 马克思恩格斯全集: 第47卷[M]. 北京: 人民出版社, 1972: 39.

[32] 马克思. 资本论: 第1卷[M]. 北京: 人民出版社, 2004: 227.

[33] 马克思. 资本论: 第3卷[M]. 北京: 人民出版社,

1975：708.

［34］中共中央马克思恩格斯列宁斯大林著作编译局. 马克思恩格斯选集：第1卷［M］. 北京：人民出版社，2012：406.

［35］毛泽东. 毛泽东选集：第5卷［M］. 北京：人民出版社，1977：403.

［36］毛泽东. 毛泽东选集：第3卷［M］. 北京：人民出版社，1991：1079.

［37］邓小平. 邓小平文选：第3卷［M］. 北京：人民出版社，1993：135.

［38］习近平. 摆脱贫困［M］. 福州：福建人民出版社，1999.

［39］刘永富. 确保在既定时间节点打赢扶贫攻坚战——学习贯彻习近平关于扶贫开发的重要论述［J］. 老区建设，2015（21）：9.

［40］新华网. 习近平赴湘西调研扶贫攻坚［EB/OL］.（2013-11-03）［2017-06-30］. http://news.xinhuanet.com/politics/2013-11/03/c_117984236_3.htm.

［41］人民网. 习近平的脱贫关键词：精准引领全面小康进入冲刺时间［EB/OL］.（2016-02-01）［2017-06-30］. http://politics.people.com.cn/n1/2016/0201/c1001-28100811.html.

［42］新华网. 习近平主席在2015减贫与发展高层论坛上的主旨演讲［EB/OL］.（2015-10-16）［2017-06-30］. http://news.xinhuanet.com/politics/2015-10/16/c_1116851045.htm.

［43］新华网. 习近平主席在2015减贫与发展高层论坛上的主旨演讲［EB/OL］.（2015-10-16）［2017-06-30］. http://news.xinhuanet.com/politics/2015-10/16/c_1116851045.htm.

［44］新华网. 人类减贫史上的伟大实践——党中央关心扶贫开发工作纪实［EB/OL］.（2014-10-16）［2017-06-30］. http://news.xinhuanet.com/politics/2014-10/16/c_1112858564.htm.

[45] 国务院扶贫办网站. 国务院扶贫办《关于印发扶贫开发建档立卡工作方案》的通知 [EB/OL]. (2014-04-02) [2017-06-30]. http://www.scfpym.gov.cn/show.aspx?id=25605.

[46] 国务院扶贫办. 关于印发《建立精准扶贫工作机制实施方案》的通知 [EB/OL]. (2014-04-02) [2017-06-30]. http://www.cpad.gov.cn/publicfiles/business.htmlfiles/FPB/gggs/201405/196759.html.

[47] 汪三贵, 郭子豪. 论中国的精准扶贫 [J]. 贵州社会科学, 2015 (5): 148.

[48] 高广阔, 柳倩倩. 农业科技投入与农业经济增长的灰色关联分析研究 [J]. 技术与创新管理, 2014 (11): 584-589.

[49] 叶园胜, 陈修颖. 科技资源投入与农业经济增长的关联分析——浙江省案例 [J]. 科技管理研究, 2012 (2): 82-85, 94.

[50] 陈莉, 刘光辉. 安徽省农业经济增长的灰色关联解析 [J]. 中国农学通报, 2004, 20 (2): 229-231.

[51] 林少伟, 刘琴, 宋建晓. 福建农业经济增长影响因素分析及对策 [J]. 中共福建省委党校学报, 2006 (9): 86-88.

[52] 科技厅:《四川省"十三五"科技创新规划》解读 [EB/OL]. (2017-04-01) [2017-06-30]. http://www.sc.gov.cn/10462/10464/13298/14097/2017/4/1/10418979.shtml.

[53] 李金诚. 农业科技进步贡献率的"偏倚"分析 [J]. 农业技术经济, 1998 (6): 45-47.

[54] 王桂荣, 王慧军, 陶佩君. 河北省种植业科技进步贡献率测算与分析 [J]. 河北农业科学, 2004, 8 (1): 38-41.

[55] 彭建强. 农业集约型增长的内涵和标志 [J]. 经济论坛, 1996 (18).

[56] 朱希刚. 我国农业科技进步贡献测算方法 [M]. 北京: 中国农业出版社, 1997.

[57] 刘芳, 李晔, 高波. 技术进步对河南省经济增长贡献的测算与分析 [J]. 河南科学, 2009, 27 (1): 119-122.

[58] R Solow. Technical Change and the Aggregate Production Function. The Review of Economics and Statistics, 1957 (39).

[59] 张莉侠, 张瑞. 1990—2009 年三大都市农业科技进步贡献率的测算及比较 [J]. 中国科技论坛, 2012 (11): 104-109.

[60] 张晓慧, 梁海兵. 农业科技进步对农村不同部门劳动力从业影响的实证分析——基于陕西省的数据 1990—2008 [J]. 农业技术经济, 2011 (9): 42-49.

[61] 郭家堂, 骆品亮. 互联网对中国全要素生产率有促进作用吗? [J]. 管理世界, 2016 (10): 34-49.

[62] 赵曦. 西南边疆少数民族地区反贫困与社会稳定对策研究 [M]. 成都: 西南财经大学出版社, 2014.

[63] 金璟, 李永前, 李雄平, 等. 云南省农村扶贫开发模式研究 [M]. 成都: 西南财经大学出版社, 2014.

[64] 林东川. 给侧改革背景下四川省农业产业化发展研究 [M]. 成都: 西南财经大学出版社, 2016.

[65] DAVID N WEIL. 经济增长 [M]. 金志农, 古和今, 译. 北京: 中国人民大学出版社, 2007.

[66] 陈强. 高级计量经济学及 Stata 应用 [M]. 2 版. 北京: 高等教育出版社, 2014.

[67] 单豪杰. 中国资本存量 K 的再估算: 1952—2006 年 [J]. 数量经济技术经济研究, 2008 (10): 17-31.

[68] 傅勇, 白龙. 中国改革开放以来的全要素生产率变动及其分解 (1978—2006 年) ——基于省际面板数据的 Malmquist 指数分析 [J]. 金融研究, 2009 (7): 38-51.

[69] 傅联英, 骆品亮. 双边市场的定性判断与定量识别: 一个综述 [J]. 产业经济评论, 2013, 12 (2).

[70] 顾瑢. 众创空间发展与国家高新区创新生态体系建构 [J]. 改革与战略, 2015 (4): 66-69.

[71] 韩宝国, 朱平芳. 宽带对中国经济增长影响的实证分析 [J]. 统计研究, 2014, 31 (10): 49-54.

[72] 韩先锋, 惠宁, 宋文飞. 信息化能提高中国工业部门技术创新效率吗 [J]. 中国工业经济, 2014 (12): 70-82.

[73] 何仲, 吴梓栋, 陈霞, 等. 宽带对我国国民经济增长的影响 [J]. 北京邮电大学学报 (社会科学版), 2013, 15 (1): 82-86.

[74] 贾根良. 第三次工业革命与工业智能化 [J]. 中国社会科学, 2016 (6): 87-106.

[75] 姜建强, 乔延清, 孙烽. 信息技术革命与生产率悖论 [J]. 中国工业经济, 2002 (12): 21-27.

[76] 李炳, 赵阳. 互联网金融对宏观经济的影响 [J]. 财经科学, 2014 (8).

[77] 李海舰, 田跃新, 李文杰. 互联网思维与传统企业再造 [J]. 中国工业经济, 2014 (10): 135-146.

[78] 李克穆. 互联网金融的创新与风险 [J]. 管理世界, 2016 (2): 1-2.

[79] 李立威, 景峰. 互联网扩散与经济增长的关系研究——基于我国 31 个省份面板数据的实证检验 [J]. 北京工商大学学报: 社会科学版, 2013, 28 (3): 120-126.

[80] 林娟, 汪明峰. 我国互联网资源与区域经济发展的关系研究 [J]. 资源开发与市场, 2014, 30 (3): 321-325.

[81] 刘生龙, 胡鞍钢. 基础设施的外部性在中国的检验: 1988—2007 [J]. 经济研究, 2010 (3): 4-15.

[82] 罗珉, 李亮宇. 互联网时代的商业模式创新: 价值创造视角 [J]. 中国工业经济, 2015, 57 (1): 95-107.

[83] 邵小快, 胡怀国. 经济增长实证研究中的内生性 [J]. 经济学动态, 2013 (3): 109-118.

[84] 施炳展. 互联网与国际贸易——基于双边双向网址链接数据的经验分析 [J]. 经济研究, 2016 (5): 172-187.

[85] 王元丰. 如何破解产学"两张皮" [N]. 光明日报, 2014-12-23 (15).

[86] 吴义爽, 盛亚, 蔡宁. 基于互联网+的大规模智能定制研究——青岛红领服饰与佛山维尚家具案例 [J]. 中国工业经济, 2016 (4): 127-143.

[87] 西桂权. 我国数字鸿沟与经济鸿沟之间关系的研究 [D]. 北京: 北京邮电大学, 2013.

[88] 谢平, 邹传伟, 刘海二. 互联网金融的基础理论 [J]. 金融研究, 2015 (8): 1-12.

[89] 许培源. 我国对外开放与TFP增长的关系: 经验研究 [M]. 北京: 清华大学出版社, 2012.

[90] 严成樑. 社会资本、创新与长期经济增长 [J]. 经济研究, 2012 (11): 48-60.

[91] 于左, 高建凯, 周红. 互联网经济学与反垄断政策研究新进展——"互联网经济学与反垄断政策研讨会"观点综述 [J]. 中国工业经济, 2013 (12): 65-70.

[92] 余泳泽, 张先轸. 要素禀赋、适宜性创新模式选择与全要素生产率提升 [J]. 管理世界, 2015 (9): 13-31.

[93] 喻思娈. 向互联网思维取"创新经" [J]. 发明与创新: 大科技, 2014 (11): 56.

[94] 赵大伟. 互联网思维——独孤九剑 [M]. 北京: 机械工业出版社, 2014.

[95] 张军, 金煜. 中国的金融深化和生产率关系的再检测: 1987—2001 [J]. 经济研究, 2005 (11): 34-45.

[96] 张越, 李琪. 互联网对我国各省区经济发展的影响 [J]. 山西财经大学学报, 2008, 30 (6): 38-44.

[97] 郑世林, 周黎安, 何维达. 电信基础设施与中国经济增长 [J]. 经济研究, 2014, 49 (5): 77-90.

[98] AKERLOF G A. The Market for Lemons: Quality, Uncertainty and Market Mechanism [J]. Quarterly Journal of Economics, 1970, 84: 488-500.

[99] AKçOMAK I S, B T WEEL. Social Capital, Innovation and Growth: Evidence from Europe [J]. European Economic Review, 2009, 53: 544-567.

[100] BARRO R J. Economic Growth in a Cross Section of Countries [J]. Quarterly Journal of Economics, 1991, 106: 407-443.

[101] BARRO R J, J W LEE. Sources of Economic Growth [J]. Carnegie-Rochester Conference Series on Public Policy, 1994: 1-46.

[102] BENHABIB J, M M SPIEGEL. The Role of Human Capital in Economic Development Evidence: From Aggregate Cross-country Data [J]. Journal of Monetary Economics, 1994, 34: 143-173.

[103] CHU S Y. Internet, Economic Growth and Recession [J]. Modern Economy, 2013, 4: 209-213.

[104] CLARKE G R G, J W SCOTT. Has the Internet Increased Trade? Developed and Developing Country Evidence [J]. Economic Inquiry, 2006, 44: 465-484.

[105] COE D T, E HELPMAN. International R&D Spillovers [J]. European Economic Review, 1995, 39: 859-887.

[106] CZERNICH N, O FALCK, T KRETSCHMER, et al.

Broadband Infrastructure and Economic Growth [J]. Social Science Electronic Publishing, 2011.

[107] DATTA A, S AGARWAL. Telecommunications and Economic Growth: A Panel Data Approach [J]. Applied Economics, 2004, 36: 1649-1654.

[108] DURLAUF S, M FAFCHAMPS. Social Capital [J]. Handbook of Economic Growth, 2005.

[109] FARRELL M J. The Measurement of Productive Efficiency [J]. Journal of the Royal Statistical Society, 1957, 120: 253-290.

[110] GRIFFITH R, S REDDING, J V REENEN. Mapping the Two Faces of R&D: Productivity Growth in a Panel of OECD Industries [J]. Review of Economics & Statistics, 2000, 86: 883 -895.

[111] HANSEN B E. Threshold Effects in Non-dynamic Panels: Estimation, Testing and Inference [J]. Journal of Econometrics, 1999, 93: 345-368.

[112] HULTEN C R, E BENNATHAN, S SRINIVASAN. Infrastructure, Externalities, and Economic Development: A Study of the Indian Manufacturing Industry [J]. World Bank Economic Review, 2006, 20: 291-308.

[113] JEANNENEY S G, P HUA, Z LIANG. Financial Development, Economic Efficiency, and Productivity Growth: Evidence From China [J]. Developing Economies, 2006, 44: 27-52.

[114] JUNG J. Regional Inequalities in the Impact of Broadband on Productivity: Evidence from Brazil [J]. Mpra Paper, 2014.

[115] KATZ M L, C SHAPIRO. Network Externalities, Com-

petition and Compatibility [J]. American Economic Review, 1985, 75: 424-440.

[116] KNACK S, P KEEFER. Does Social Capital Have an Economic Payoff? A Cross - Country Investigation [J]. Quarterly Journal of Economics, 1997, 112: 1251-1288.

[117] KOUTROUMPIS P. The Economic Impact of Broadband on Growth: A Simultaneous Approach [J]. Telecommunications Policy, 2009, 33: 471-485.

[118] KUHN P, M SKUTERUD. Internet Job Search and Unemployment Durations [J]. American Economic Review, 2010, 94: 218-232.

[119] MADDEN G, S J SAVAGE. Telecommunications and Economic Growth [J]. International Journal of Social Economics, 2000, 27: 893-906.

[120] MEIJERS H. Does the Internet Generate Economic Growth, International Trade, or Both? [J]. International Economics & Economic Policy, 2014, 11: 137-163.

[121] ROCHET J C, J TIROLE. Two-Sided Markets: A Progress Report [J]. Rand Journal of Economics, 2006, 37: 645-667.

[122] ROHLFS J. A Theory of Interdependent Demand for a Communications Service [J]. Bell Journal of Economics & Management Science, 1974, 5: 16-37.

[123] RöLLER L H, L WAVERMAN. Telecommunications Infrastructure and Economic Development: A Simultaneous Approach [J]. American Economic Review, 2001, 91: 909-923.

[124] ROMER P M. Endogenous Technological Change [J]. Journal of Political Economy, 1989, 14: 71-102.

[125] SATO S, J HAWKINS. Electronic Finance: An

Overview of the Issues [J]. BIS Papers, 2001, 7: 1-12.

[126] SOLOW R M. Technical Change and the Aggregate Production Function [J]. Review of Economics & Statistics, 1957, 39: 554-562.

[127] STAIGER D, J H STOCK. Instrumental Variables Regression with Weak Instruments [J]. Econometrica, 1994, 65: 557-586.

[128] STEVENSON B. The Internet and Job Search [N]. NBER Working Paper, 2009.

[129] VEMURI V K, S SIDDIQI. Impact of Commercialization of the Internet on International Trade: A Panel Study Using the Extended Gravity Model [J]. International Trade Journal, 2009, 23: 458-484.

后 记

本书得到四川省科技计划项目基金"双创背景下科技投入对四川农业产业提升路径研究"（项目编号2016ZR0226）和西华师范大学英才科研基金"精准扶贫与四川省农业基层治理和农业产业发展研究"的资助，也是相关课题的阶段性研究成果经整理后的集中展示。在研究过程中，作者实地走访四川省贫困地区，进行田野调查，并与当地政府深入交流经验和办法，从而积累了丰富的一手资料。通过研究的深入，人民群众的智慧为本研究提供了新的视角和新的知识分享。希望本书能够为政府进行治理和政策制定，以及同行进行学术研究提供参考和数据支持。

在成书的写作过程中，随着对精准扶贫的深入研究，深感习近平总书记对中国"三农"问题的深思熟虑和对未来局势的高屋建瓴。精准扶贫不仅关系到贫困人口的生存问题，也是"共同富裕"的深刻实践，是建设中国特色社会主义的必然路径。随着中国经济的增长，贫困问题逐渐跨越绝对贫困治理阶段，当前的贫困表现为绝对贫困和相对贫困并存，且相对贫困日益凸显。单纯的经济增长已不能有效地解决中国的贫困问题，需要创新办法，从农业产业入手，通过加大对科技的投入，逐步实现产业升级，通过供给侧改革切实从根本上改变贫困人口、贫困地区的经济状况，防止贫困的反弹。

在本书付梓之际，特别感谢四川省农业厅黄正昕同志的大力支持和鼓励，感谢黄如一、贾鹏飞、曾婷等同志的帮助。他们在笔者研究的过程中，给予了笔者极大的人力、物力支持，使得本书得以顺利出版。感谢四川大学的顾新教授，谢谢他多年来的悉心教导。同时，要谢谢西华师范大学刘丁豪教授、彭双教授、戴斌教授、曾罡博士的支持和鼓励，特别感谢研究生邓元东，他在数据处理方面给予我很大帮助。感谢四川省农业厅、四川省科技厅、四川省农村能源办公室、西华师范大学等政府、高校机构的帮助。感谢所有帮助笔者的人，你们无私的支持给予笔者不断前行的动力。最后，非常感谢专家学者们曾经的研究，以及对本书提出意见和评论的专家学者。

限于学识水平，本书可能还存在不少纰漏，敬请读者批评斧正。

精准扶贫是历史责任，也是我党的担当，是一个长期的过程，相关研究任重道远。笔者将一路向前，勇攀高峰，为精准扶贫做出力所能及的贡献。

全　力

2017 年 7 月　成都